LÍDER
DE
JÓVENES

LÍDER DE JÓVENES

12 marcas para impactar a las nuevas generaciones

Josué Barrios
Editor General

B&H
ESPAÑOL
BRENTWOOD, TENNESSEE

Líder de jóvenes:
12 marcas para impactar a las nuevas generaciones

B&H Publishing Group
Brentwood TN, 37027

Diseño de portada: Matt Lehman Studio

Clasificación Decimal Dewey: 259.23
Clasifíquese: MINISTERIOS DE JÓVENES \
MINISTERIO \ LIDERAZGO

ISBN: 978-1-0877-7617-0

Impreso en EE. UU.
1 2 3 4 5 * 27 26 25 24

Contenido

Introducción
UN LÍDER COMO JESÚS

Por Josué Barrios

Déjame iniciar con una pregunta rápida: ¿cuántos años de edad crees que tenían los apóstoles de Jesús durante Su ministerio terrenal? ¡Haz tus cálculos ahora! ¿Tenían cuarenta años en promedio? ¿Treinta? ¿Veinticinco?

La verdad es que no sabemos con precisión qué edad tenían. Pero sí sabemos que Jesús inició Su ministerio público a los treinta años (Luc. 3:23), y que en la cultura judía se esperaba que los discípulos de un rabí fueran menores en edad. También sabemos que un joven judío podía empezar su entrenamiento con un rabí a partir de los trece años.

Con eso en mente, no suena extraño que Jesús se refiera a Sus discípulos como «hijitos» (Juan 13:33). Al considerar también las fechas aproximadas en que se escribieron los libros del Nuevo Testamento y la cronología de la iglesia en el primer siglo, podemos afirmar que ellos eran jóvenes cuando caminaron con Jesús. Al menos en su mayoría, eran adolescentes y jóvenes con mucha más juventud que sabiduría, similares en esto a los jóvenes de tu ciudad o pueblo, y de tu iglesia. ¿Habías pensado en esto antes? *Dios construyó Su iglesia usando a jóvenes como cimientos en la construcción* (Ef. 2:20).

El Señor Jesucristo escogió a adolescentes y jóvenes —no a hombres sabios, poderosos y experimentados a los ojos del mundo— para transformar sus vidas y usarlos como instrumentos en Sus manos. Él trabajó en su carácter, con paciencia, determinación y amor. Jesús les mostró de cerca cómo hacer la voluntad de Dios y entender la Escritura. Incluso les dio autoridad y poder para hacer prodigios en Su nombre y extender el mensaje del evangelio por toda la tierra. Los discipuló de manera íntima para formar en ellos hombres que vivieran en adoración a Dios en respuesta a Su gracia, y así cambiaran al mundo. La evidencia es apabullante: Jesús es el mejor líder de jóvenes que ha caminado sobre la tierra.

El presente de la iglesia

El libro que tienes en tus manos existe porque Dios sigue interesado en redimir a adolescentes y jóvenes, mujeres y hombres, pecadores que necesitan de Su gracia y que hoy son bombardeados por toda clase de ideologías tóxicas y fuerzas culturales que no procuran lo mejor para ellos. Dios desea traer salvación a sus vidas y usarlos conforme a Sus propósitos eternos. Él sigue edificando Su iglesia al usar a jóvenes redimidos en todas partes del mundo.

Por lo tanto, los creyentes más jóvenes que nosotros no son cristianos de segunda categoría en la iglesia (a pesar de que a veces sean inmaduros y nos den algunos dolores de cabeza y frustraciones, al ser más parecidos a nosotros de lo que suponemos). El Espíritu Santo está presente en sus vidas, como también lo está en el santo más experimentado en la carrera de la fe (Rom. 1:9). Ellos también son llamados «hijos de Dios» (1 Jn. 3:1). Ellos también han recibido dones que deben poner en práctica para la edificación de la iglesia y ya son miembros del cuerpo de Cristo (1 Cor. 12:7, 27). Ellos son llamados a vivir para la gloria de Dios en todas las cosas que hagan (10:31), siguiendo la vocación que Dios tenga para cada uno y expandiendo el mensaje del evangelio. Los adolescentes y los jóvenes creyentes no son el futuro de la iglesia; *son el presente.*

Se necesitan líderes como Jesús

Ahora bien, en el diseño de Dios para la iglesia, Él ha determinado que los jóvenes creyentes aprendan a vivir la vida a la que Dios los llama con la ayuda de líderes que se parezcan cada vez más a Jesús en su carácter y andar. Es decir, con ayuda de personas que caminen en santidad y que puedan brindarles consejos, apoyo y ejemplo de cómo proseguir hacia la meta de glorificar a Dios en todo; es decir, de darlo a conocer y adorarlo en cada cosa que hagamos.

Dios ha diseñado que los Timoteos sean discipulados por Loidas, Eunices y Pablos (2 Tim. 1:5, 1 Tim. 1:2), y que los Marcos sean instruidos por Bernabés (comp. Hech. 12:25; 15:37). La iglesia es un cuerpo intergeneracional y Dios se deleita en que los creyentes que tenemos unos pasos más adelante en la carrera de la fe invirtamos nuestras vidas en servir y discipular a la nueva generación. De hecho, ¡no se necesita un título de «líder de jóvenes» para que hagamos esto!

Lo que sí se necesitan son líderes eficaces en vivir según el diseño de Dios para el ministerio a los jóvenes. Hombres y mujeres que, si han de tener un título de «líder de jóvenes», no lo usen como lo haría el resto del mundo, para exigir privilegios y ser servidos por los demás. Se requieren líderes con un corazón como el de Jesús, dispuestos a lavar pies y vivir sujetos a la voluntad de Dios sin importar el costo.

Esta clase de líderes son efectivos a los ojos de Dios al impactar a las nuevas generaciones por medio de su servicio sacrificial, incluso aunque el mundo los desprecie. Los líderes con verdadera influencia eterna son guiados por el Dios que nos llama primeramente a ser fieles, no *influencers* y populares. Son líderes que priorizan la verdadera espiritualidad bíblica por encima de los «trucos», las modas y las técnicas pasajeras para atraer a los jóvenes. Son líderes que procuran un carácter como el del Señor Jesucristo, porque reconocen que eso es lo más necesario para guiar a otros a caminar así, en vez de solo confiar en sus propios dones y talentos.

El corazón de este libro

Así que de eso se trata este libro. Cada uno de los doce capítulos a continuación busca profundizar en lo que acabas de leer y responder a la pregunta: *¿Cómo es según la Biblia un líder de jóvenes conforme al corazón de Dios?*

Los capítulos han sido escritos por líderes con distintas experiencias en el ministerio juvenil, con diferentes estilos de llevar adelante el ministerio con fidelidad (lo podrás notar en la manera en que escriben), y desde diversos lugares del mundo hispano. Todo esto es con el fin de presentar un cuadro más amplio y rico de lo que Dios demanda del líder de jóvenes: que sea más y más como Jesús.

Cada capítulo se enfoca en una marca que posee el líder de jóvenes que agrada a Dios, y las respuestas y lecciones en todos ellos son complementarias y tienen puntos donde se solapan. Eso es intencional. La idea es que las doce marcas en conjunto te brinden una imagen bíblica —como un rompecabezas que se arma mientras vas leyendo— de lo que Dios quiere que seamos como líderes para la salvación de los perdidos, la edificación de Su iglesia y la gloria de Su nombre. En otras palabras, los autores no queremos que este sea otro libro lleno de simples consejos y técnicas para el ministerio juvenil que quedarán obsoletos en cuestión de años o meses. Agradecemos a Dios por muchos recursos útiles enfocados en técnicas y creemos que tienen un lugar en la dieta de lectura del líder de jóvenes, cuando los leemos con discernimiento y colocando a la Biblia en primer lugar. Pero entendemos que, en nuestra generación superficial, es necesario enfatizar el carácter del líder y la naturaleza del ministerio juvenil, partiendo desde la Escritura, más que los aspectos superficiales del servicio a los jóvenes.

Las modas y formas llamativas de acercarnos a los jóvenes o de tener tiempos de entretenimiento edificante con ellos en el ministerio van y vienen, pero la prioridad del estado del corazón del líder permanece.

Sin embargo, sabemos que este libro *quedará* obsoleto. No tenemos la menor duda sobre eso. ¿Por qué? Porque llegará el día en que el ministerio a los jóvenes ya no será necesario. Llegará el día en que nuestro Señor Jesucristo —Aquel que vivió, murió y resucitó por nosotros para darnos vida eterna junto a Él— regresará y todos los creyentes por fin seremos como Él (1 Jn. 3:2).

Cuando llegue ese día, seremos llenos de gozo al ver la renovación de todas las cosas y la gloria de nuestro Señor. ¡El gran día se acerca! Por tanto, *ahora* es el tiempo para ser líderes que se preparan para aquella hora y que preparan a los más jóvenes, buscando alcanzar a los perdidos y edificar a los convertidos. Hoy es el tiempo para que seamos líderes enfocados en lo eterno y que enseñen a otros a vivir así, al saber que este mundo es pasajero y que la vida aquí no es todo. ¡Cristo es todo! Por eso es digno de que seamos líderes fieles a Él en todo.

Mientras llega ese día, ninguno de los autores en este libro es tan parecido a Jesús como quisiéramos serlo, pero en estas páginas deseamos compartir contigo lo más valioso que Dios nos ha enseñado hasta ahora sobre ser líderes de jóvenes. Esperamos que estas palabras puedan ayudarte a evitar los errores que hemos cometido y a depender del Señor para la tarea que tienes frente a ti, pues nada podemos hacer separados de Él (Juan 15:5).

Oramos para que Dios use este libro para hacerte y hacernos más parecidos al líder de jóvenes más eficaz de la historia.

Preguntas para discusión

- ¿Cómo explicarías la importancia del ministerio a los jóvenes y el rol de ellos en la vida de la iglesia?
- A primera vista, ¿cuáles lecciones de liderazgo destacas en la vida y el ministerio de Jesús?
- ¿Por qué es tan importante el carácter en el liderazgo juvenil? ¿De qué maneras te empieza a confrontar y animar este libro?

CAPÍTULO 1
UN LÍDER CENTRADO EN LO MÁS IMPORTANTE

Por Jairo Namnún

Porque nada me propuse saber entre ustedes
excepto a Jesucristo, y Este crucificado.
(1 Cor. 2:2)

¿Qué es un *zoomer*? Te hago una pregunta más urgente: ¿qué es un *Mr. Beast*?

Estás leyendo este libro porque te interesan los jóvenes, seas un líder de jóvenes, una joven, un pastor, o que te lo hayan regalado en una conferencia y estés en el autobús con tu teléfono móvil descargado y sin nada más que hacer. Sea lo que sea, ya estás aquí (¡gracias!), y es posible que sepas ya lo que son los *zoomers*, y que ya estés suscrito a algún canal de *Mr. Beast*.

Entonces, ¿qué? ¿De qué hablaremos en este primer capítulo? ¿Qué puedo decirte aquí que pueda servirte en verdad? Porque voy a ser sincero: lidiar con jóvenes es muy difícil. Lo sé, porque lo hice. Tuve que lidiar conmigo cuando era joven (la gente de mi edad dice que aún lo soy, pero mis rodillas no sienten lo mismo). Sé que es difícil porque por más de diez años serví como líder de jóvenes. Y sé que es difícil porque hoy pastoreo una iglesia que, gracias a Dios, está llena de jóvenes.

Pero no te preocupes, que en este capítulo te daré la «clave» que va a resolver todas las dificultades de tu vida y de la mía. Lo digo en serio: hoy quiero darte la clave para resolverte la vida. Pero antes, déjame empeorarla.

Los jóvenes están dejando la iglesia

Desde hace más de una década, al momento de escribir estas líneas, las estadísticas no son alentadoras. En 2011, David Kinnaman, director del Grupo Barna, publicó un estudio que mostraba que el 59 % de los jóvenes estadounidenses criados en la iglesia la abandonaban luego de la universidad.[1] Ese número aumentó a 64 % en 2019. LifeWay reporta algo similar, de hasta un 66 %.[2]

Si eres líder de jóvenes, estas estadísticas no te sorprenden, pues aunque no tenemos investigaciones así en el mundo hispano, vemos algo similar. Lamentablemente, no me sería difícil hacer un listado de diez jóvenes y tachar seis nombres de aquellos que, al menos hoy, no están caminando con Cristo. Probablemente puedes hacer lo mismo. (Este es un buen momento para pausar la lectura y orar por algunos de ellos).

Nuestras iglesias están llenas de sillas que antes estaban ocupadas por jóvenes que servían como voluntarios y ahora no responden nuestras llamadas. Guitarras que antes eran tocadas con pasión por chicos de quienes hemos perdido el rastro. Vemos sus estados en WhatsApp y recordamos buenos momentos y lamentamos cómo el maligno los sedujo, el mundo los atrajo y la carne parece haber ganado la batalla.

---

1. David Kinnaman, *You Lost Me: Why Young Christians Are Leaving Church… and Rethinking Faith* (Grand Rapids, MI: Baker Books, 2011).
2. Aaron Earls, «Most Teenagers Drop Out of Church When They Become Young Adults», *LifeWay Research*. https://research.lifeway.com /2019/01/15/most-teenagers-drop-out-of-church-as-young-adults/

Todo esto ya pasaba antes de la generación actual de jóvenes, que es diferente que la nuestra... ¿cierto? Digo esto con cuidado: la Escritura nos llama a guardarnos de pensar que nuestros tiempos, nuestra generación, es mejor que la actual. «No digas: "¿Por qué fueron los días pasados mejores que estos?". Pues no es sabio que preguntes sobre esto» (Ecl. 7:10). Pensar que «nuestros tiempos» eran los mejores es un símbolo claro de desconexión entre nuestro pensamiento y la realidad. Es falta de sabiduría, una especie de orgullo cronológico.

Sin contrarrestar nada de lo dicho, hay sabiduría en reconocer que la generación actual (Generación Z, los postmileniales, los iGen, o de aquí en adelante, los *zoomers*, nacidos entre mediados de la década de 1990 y principios de la de 2010) es bastante diferente a la generación anterior. Esta una generación nacida y crecida en la era digital (a diferencia de todos los demás, que a lo sumo la adoptamos). ¿Recuerdas la «crisis» del Y2K? ¿O la vida sin Internet? (No un fin de semana intencional, sino la vida desconectada). ¿Recuerdas tener que investigar de verdad algo? ¿O no poder saber algo de inmediato? La generación actual no sabe nada de esto. Está absolutamente estimulada en exceso desde su nacimiento, expuesta a una pluralidad de puntos de vista (especialmente de cosmovisiones y espiritualidades) desde que saben leer... o abrir YouTube.

Aun sin haber experimentado la crisis económica, social y sanitaria de 2020, los *zoomers* ya lidiaban con sus propias grandes dificultades (como todos, en realidad). En su libro *iGen: Por qué los chicos súperconectados de hoy están creciendo menos rebeldes, más tolerantes, menos felices... y completamente mal preparados para la adultez, y lo que eso significa para el resto de nosotros* (¡qué título!), la Dra. Jen Twenge describe con pericia mucho de lo que sentimos pero no sabemos poner en palabras sobre los jóvenes a nuestro alrededor:

> En los tres años que he pasado trabajando en este libro, me he dado cuenta de algo: [Los *zoomers*] están asustados, tal vez aterrorizados. Creciendo lentamente, criados para valorar la seguridad… han llegado a la adolescencia en un tiempo donde su principal actividad social es mirar a una pantalla rectangular que puede aprobarlos o rechazarlos.[1]

A pesar de la hiperconectividad experimentada por nuestros muchachos, nuestros chicos se sienten profundamente solos. A pesar de que nuestros tiempos hacen un profundo énfasis en la felicidad y la positividad, esta generación experimenta niveles preocupantes de ansiedad y depresión. Entonces, ¿quién podrá defendernos?

Nada nuevo debajo del sol

Cada semana, si el Señor lo permite, sigo el mismo hábito para escribir mis sermones. Los martes por la mañana, me vas a encontrar en la misma silla, en la misma cafetería, con la misma mujer sentada frente a mí. Pero antes de iniciar, mientras nos tomamos el café, tengo la costumbre de preguntarle a mi esposa: «¿Tú leíste sobre…?». Normalmente ella me responde con: «¡Ya sabes que no!». Y es que, en nuestro matrimonio, yo soy el que lee los periódicos.

---

1. Jen Twenge, *iGen: Why Today's Super-Connected Kids Are Growing Up Less Rebellious, More Tolerant, Less Happy — and Completely Unprepared for Adulthood, and What That Means for the Rest of Us* (Atria Books, 2017), ubic. 1672. Edición para Kindle.

Por su parte, mi esposa sabe dos cosas. Primero, que yo la pondré al tanto de las noticias más pertinentes. Segundo, que los periódicos, al final, siempre dicen lo mismo: todo está mal. La vida es un desastre. La economía está fallando. Hay una enfermedad que afecta a millones. La muerte abunda. Las cosas están mal.

No es que los periódicos inventen malas noticias, es que el mundo entero está sufriendo. En verdad, la vida es un desastre y todo está fallando. Acabamos de ver los problemas de los *zoomers*, pero igual podríamos ver los problemas de los *boomers* y de los *millennials*, y que Dios nos libre de ver los problemas tuyos y míos, sin contar todavía los problemas que tendrán las generaciones venideras (a las que también debemos servir) hasta el día en que Cristo vuelva.

Lo que quiero decirte es que los informes de nuestra inminente perdición son exagerados en exceso. No puedo superar las palabras de aquel poeta y dramaturgo latinoamericano que acertadamente declaró: «Calma, calma: que no panda el cúnico». La verdad es que, para cada uno de los problemas que enfrentamos, Dios nos ha provisto una solución.

Por un lado, es cierto que los jóvenes están dejando la iglesia. Ya paramos y oramos por ellos, y debemos hacerlo otra vez. Podemos y debemos hacer un esfuerzo por llamar, buscar, amar a aquellos con quienes tenemos contacto todavía. La Escritura nos manda a tener misericordia de algunos que dudan y a salvar a otros, arrebatándolos del fuego (Jud. 1:22-23). Pero esta misma Escritura también nos da la tranquilidad de saber que algunos salen de nosotros porque no son de nosotros (1 Jn. 2:19). Es inevitable que algunos que comparten y asisten y sirven y profesan la fe en Cristo no van a seguir esa fe con el tiempo. Eso no es algo de los jóvenes: es algo de los humanos.

Cristo mismo, en Su tiempo en Medio Oriente, no tuvo un récord «perfecto» de discípulos, así que ¿por qué esperar algo diferente? Es más, Él nos da aliento y garantía al asegurarnos que Sus ovejas oyen Su voz y lo siguen (Juan 10:27). ¿Sabes entonces lo que eso nos dice? Que no tenemos que perder el sueño haciendo dinámicas o actividades para que los jóvenes «no se nos vayan» de la iglesia. Más bien, nuestra labor —si somos maestros o si queremos hacer discípulos de Cristo— es hacer que se escuche la voz de Cristo; es decir, hablar las palabras de Cristo. No es que haya nada malo con las dinámicas, pero nuestro enfoque no está en mantener a los jóvenes ahí, sino en que se escuche la voz de Jesús.

Es cierto que esta generación es diferente y que no siempre sabemos cómo acercarnos a ella. Lo mismo pasará con la siguiente generación (la generación *alfa*) y la que vendrá después (si Cristo no vuelve antes). Pero también es cierto que el corazón humano es el mismo. Dios creó a la humanidad del polvo y todos descendemos de la misma pareja. Aun con todas las diferencias que podamos tener entre culturas y generaciones, en el interior todos estamos buscando lo mismo: amor, aceptación, perdón y propósito. Todos nos preguntamos lo mismo: «¿Quién soy?», «¿Para qué estoy aquí?», «¿Qué es bueno y qué es malo?», «¿Qué pasa después de la muerte?». Dios ha puesto la eternidad en nuestros corazones (Ecl. 3:11) y todos los hombres están palpando en busca de Él (Hech. 17:27).

Lo que eso significa es que dos personas —una de cincuenta y otra de quince años— pueden conectar perfectamente si ambas están dispuestas a ser sinceras, lo cual es algo que los *zoomers* (y todas las personas) anhelan. Si estamos dispuestos a responder y hacer las preguntas grandes, a dar espacio a momentos incómodos pero tener conversaciones transparentes, encontraremos que nuestras grandes interrogantes nos permitirán encontrarnos de frente, aunque nuestras ropas y gustos sean bastante diferentes. Dicho sea de paso, esto puede tomar poco tiempo. En su libro *En defensa de la conversación*, la Dra. Sherry Turkle propuso una regla transformadora.[1] Ella observa cómo se necesitan siete minutos sin interrupciones para que una conversación tome su curso natural. ¿Y si nos tomamos siete minutos con nuestros jóvenes, sin revisar nuestros teléfonos y ninguna distracción? Dios puede usar eso para conectarnos.

Ahora bien, ¿y qué hay de las diferentes cosmovisiones a las que se exponen los jóvenes? Nos resulta extraño que los jóvenes de hoy puedan exponerse al budismo, al hinduismo o al islam. Si somos sinceros, la exposición a las ideas de la nueva era que ha permeado la cultura occidental y que ha transformado el panorama de los medios norteamericanos —y cada vez más en el mundo hispano— es preocupante. Sin embargo, el cristianismo floreció en medio del Imperio romano, de mil conceptos erróneos, de una amalgama de religiones y de una homosexualidad imperante. La luz no teme a la oscuridad. La verdad no le huye al error. Las puertas del Hades no prevalecerán contra la iglesia, afirmó nuestro Señor (Mat. 16:18): eso significa que la iglesia está a la ofensiva en contra de la maldad.

Lo que no podemos hacer es ignorar la soledad, la depresión y la ansiedad que sufren nuestros chicos. Esto requiere que quienes sirvamos a nuestros jóvenes aprendamos del carácter de nuestro Señor Jesús, el cual estuvo atento a las necesidades de quienes lo rodeaban, en mansedumbre y humildad de corazón (Mat. 11:29). Llorar con los que lloran es un mandato bíblico (Rom. 12:15), no para discutir sobre si tienen razón

---

1. Sherry Turkle, *En defensa de la conversación: El poder de la conversación en la era digital* (Barcelona, España: Ático de los libros, 2017).

para llorar o no. Como siervos de Cristo, somos de consuelo cuando les decimos a nuestros hermanos: «Me duelo contigo», «Entiendo tu ansiedad», «Puedo ver por qué te sientes de esa manera» y «No quisiera que las cosas sean así».

Junto con eso, en pro de la honestidad, tenemos que entender y confesar que las palabras solas no son suficientes. Para que nuestras palabras tengan valor y poder real, tienen que estar unidas a una relación, de tal forma que sean sentidas. Además, tienen que ser reales, o de lo contrario no contarán con el apoyo de la verdad. Y lo más importante de todo, nuestras palabras tienen que ser conforme a la «verdad verdadera»: la Palabra de Dios. Por tanto, es necesario que nuestras palabras a nuestros jóvenes apunten a la voz del Pastor.

La única solución

Aquí cumplo con lo prometido. Aquí es donde se terminan tus problemas: *Mr. Beast*.

Jimmy Donaldson es un joven de veintitantos años que recién valoró su imperio de YouTube en 1500 millones de dólares. Inició su canal hace poco más de diez años con videos donde contaba hasta 100 000 frente a la cámara o jugaba videojuegos como Minecraft. A medida que pasaba el tiempo, Mr. Beast ganó notoriedad y seguidores, sus videos subieron de calidad y sus hazañas se hicieron cada vez más llamativas.

En uno de sus primeros videos virales, salió a la calle y regaló 10 000 dólares a un indigente. Con el tiempo, regaló una isla privada a un suscriptor, mientras que en otro video obsequió medio millón de dólares al último en salir de un círculo. A estas alturas, Mr. Beast ha regalado literalmente millones y millones de dólares. Además, ha realizado grandes acciones de filantropía y cuidado de árboles y mares. Esto es sin contar con todos sus videos de hazañas y tretas y juegos que lo han hecho increíblemente popular en YouTube, la plataforma más popular entre los jóvenes (aún más que TikTok). Mientras escribo esto, ya es el *youtuber* con más seguidores en el mundo.

La razón por la que te cuento todo esto es doble. Primero, porque como líder de jóvenes es bueno que conozcas a Mr. Beast: seguramente tus jóvenes lo conocen. Pero segundo, porque no eres Mr. Beast. Yo tampoco lo soy. Nunca lo seremos. Él es un genio, obsesionado con lograr los videos más virales y que sean los más vistos en el mundo. Lo está logrando. Además, son «amigables» para las diferentes edades. Él procura no tener malas palabras ni sexualidad, se cuida de la violencia y siempre busca el bien de los que lo rodean.

Pero Mr. Beast es un joven pecador. Buena persona, por lo que podemos ver. Pero su nombre es Jimmy. Y yo siento que a veces nosotros queremos ser Jimmys. Queremos hacer juegos y ayudar al mundo, y no decir malas palabras. Queremos enseñarles a nuestros jóvenes a no ser violentos, no fornicar y ser respetuosos. Y si además ayudamos a regalar dinero y plantar árboles, ¡gloria a Dios!

Pero nada de eso salva. Solo Cristo salva.

Lo más importante: la única solución a nuestros problemas se llama Jesús. Cuando el Señor vio nuestra soledad, causada por nuestro pecado, no resolvió el problema con una ley. Nos dio a Su Hijo (Rom. 5:8; 2 Cor. 5:18-19). No esperó que la solución viniera por nuestro comportamiento ni se asustó por nuestras diferencias; Él trajo la solución a través de Su Hijo. Entonces, por el sacrificio de Su Hijo, perdonó nuestro pecado y moró en medio de nosotros a través de Su Santo Espíritu, de tal manera que nunca más estaríamos solos (Ef. 1:7, 2:22). Ahora, y para siempre, podemos ser hijos de Dios, no importa si somos jóvenes o ancianos, porque Su Espíritu se ha derramado sobre nosotros (Hech. 2:17, Juan 1:12-13). ¡Bendito sea Él!

Si la cruz es verdad —y lo es—, dime: ¿no te sientes esperanzado? ¡Claro que sí! Debido a que el problema más grande de toda la creación —la separación por el pecado— ha sido resuelto por Dios por medio de la cruz, todos los demás problemas tienen solución. «El que no negó ni a Su propio Hijo, sino que lo entregó por todos nosotros, ¿cómo no nos dará también junto con Él todas las cosas?» (Rom. 8:32).

Por eso el apóstol Pablo escribió a la iglesia en Corinto: «Porque nada me propuse saber entre ustedes excepto a Jesucristo, y Este crucificado» (1 Cor. 2:2). Esto no significa que Pablo nunca habló de otras cosas. ¡Tan solo en la misma carta habló sobre la unidad de la iglesia, la soltería, los dones espirituales y diversos temas! Pero todo lo hizo con la cruz en el centro, mostrando cómo el evangelio lo cambia todo, pues el mensaje de la cruz siempre es lo que más necesitamos creer y recordar.

En otras palabras, ya que la cruz es verdad, y ya que Jesús resucitó, hay una cosa más que debemos hacer: contar esa historia, para la gloria de Dios. Porque es real, porque es valiosa, porque tiene más peso que cualquier otra historia, no tenemos que enfocarnos en otras historias, ni necesitamos hacer otras hazañas ni asustarnos por nuestras diferencias. Podemos usar las otras historias, con tal de que apunten a la gran historia. Podemos aprovechar las otras hazañas, servirnos de las otras dinámicas, disfrutar de los juegos. Pero nuestro corazón y mente terminan siendo cautivados por la gloria de Aquel que colgó en el madero para darnos salvación y vida eterna.

La cruz es el gran ecualizador: frente al madero, todos tenemos el mismo tamaño. Y es la gran brújula: es hacia donde todas nuestras vidas, en última instancia, apuntan. ¿Qué tal si nuestros ministerios apuntan hacia allá también? Desde los jóvenes hasta los mayores, solo Cristo salva. Que Dios nos ayude a escuchar Su voz.

Preguntas para discusión

- ¿Cómo explicarías la importancia y la utilidad de saber que las nuevas generaciones tienen el mismo corazón —pecado y necesidad de gracia— que las generaciones pasadas?
- ¿De qué maneras somos tentados a distraernos del evangelio en nuestro ministerio y liderazgo a los jóvenes? ¿Por qué?
- ¿Cómo puedes profundizar en el mensaje del evangelio y qué pasos puedes dar para hacerlo más claro y central en tu liderazgo juvenil?

CAPÍTULO 2

UN LÍDER QUE ATESORA Y ENSEÑA LA PALABRA

Por Moisés Gómez

Procura con diligencia presentarte a Dios aprobado,
como obrero que no tiene de qué avergonzarse,
que maneja con precisión la palabra de verdad.
(2 Tim. 2:15)

«Agradecemos todos estos años que has invertido en los jóvenes universitarios de la iglesia, pero tenemos un grupo descuidado. Queremos que lideres a los adolescentes de doce a diecisiete años», me dijo el pastor.

La propuesta me desconcertó. Se sintió como un retroceso en mi trayectoria. Yo estaba acostumbrado a servir a los jóvenes adultos y alrededor de ellos me sentía en mis aguas. Ahora, esta invitación exigía iniciar desde cero en otro ministerio, cuando el ministerio de jóvenes en el que ya servía era «sólido» y teníamos una estructura que, a mi parecer, funcionaba.

Esa noche, me fui pensando en los retos que esta decisión representaría. Trabajar con adolescentes era nuevo para mí. Las primeras preguntas que pasaron por mi mente fueron: *¿Cómo desarrollo un ministerio atractivo para estos muchachos? ¿Cuáles estrategias debo aplicar para hacer que este ministerio sea relevante?*

Yo pensaba que los elementos indispensables en el ministerio juvenil eran una buena banda musical, juegos y un ambiente atractivo que hiciera sentir a los jóvenes que estaban en la iglesia que no se estaban perdiendo nada del mundo. Esa fue la filosofía ministerial que adopté durante mis primeros años sirviendo allí.

Mi prioridad era atraer a los jóvenes con métodos relevantes para su edad, enseñándoles sobre Dios de una forma «no religiosa» para que se sintieran cómodos trayendo a sus amigos. Los temas más recurrentes eran la autoestima, las relaciones, la sexualidad y la importancia de ser radicales por Jesús. Hacíamos competencias bíblicas y usábamos las historias de la Biblia para inspirarlos y desafiarlos a ir en contra de la corriente de este mundo. Hacíamos campamentos con un enfoque motivacional revestido de temas bíblicos.

Pronto, el ministerio de adolescentes comenzó a «florecer». Las reuniones estaban abarrotadas de muchachos que saltaban animados al ritmo de la música. Los padres estaban contentos y los jóvenes comenzaron a involucrarse en las diferentes áreas de servicio en la iglesia. Todo parecía marchar muy bien. Pero con el tiempo, descubrí que había un gran problema.

Cuando la Biblia no es una prioridad

La falta de fruto en los adolescentes nos demostró que sus raíces no eran saludables. Los jóvenes mostraban mucho interés luego de campamentos o retiros espirituales, pero poco a poco, el «fuego» se desvanecía. Lo que yo ofrecía no era suficiente para equiparlos en su lucha contra el pecado. Uno a uno, sucumbían ante las propuestas del mundo y, por más que intentaba atraerlos, nada parecía suficiente. El ministerio se sentía cada vez más agotador.

Comencé a notar que la Biblia no era mi punto de partida para los esfuerzos que realizaba. Así, descubrí que yo no había entendido la importancia de priorizar la Escritura en mi propia vida, y eso se reflejaba en el ministerio. En Su gracia, Dios me invadió con una convicción de mi necesidad de someterme a la Escritura, que expuso mi deseo absurdo de hacer que la Biblia fuera relevante para los jóvenes. Aun siendo líder, yo perdía de vista lo más importante: a Dios mismo y Su Palabra revelada. No conocía Sus atributos con claridad, no entendía Su voluntad ni Su plan de redención. No comprendía Su evangelio. Tampoco conocía mi condición como pecador a la luz de la Biblia; mucho menos mi identidad en Cristo, mi necesidad de Él y mi llamado como cristiano. Con el tiempo, llegué a esta conclusión: *Si la Palabra de Dios no es prioridad en la vida del líder de jóvenes, tampoco lo será para el ejercicio de su liderazgo.*

El propósito de este capítulo es retarte a descubrir si la Palabra de Dios en realidad es el centro de tu vida. Quiero animarte a atesorarla para que sea la fuente de autoridad para la instrucción de los jóvenes a quienes sirves.

Aprendamos con Timoteo

Consideremos cómo el apóstol Pablo alentaba al joven pastor Timoteo, miembro de su círculo íntimo y a quien describió como colaborador (Rom. 16:21) e «hijo amado y fiel en el Señor» (1 Cor. 4:17). Pablo le escribió dos cartas para animarlo en el ministerio, y la segunda de ellas fue la última carta que Pablo escribió. Él estaba preso e iba a ser ejecutado, por lo que la carta tiene un sentido de urgencia (2 Tim. 1:8). Pablo hace allí un énfasis en cómo Timoteo debe atesorar la Palabra de Dios en su vida y en el ejercicio del ministerio al cual Dios lo llamó.

Las instrucciones de Pablo en esta carta reflejan el corazón de Dios para todo líder en la iglesia, incluyendo a los líderes de jóvenes. Ellas han sido cruciales en mi formación ministerial, por lo que deseo compartirlas contigo con la misma urgencia con que fueron escritas. Las he organizado en cuatro exhortaciones:

1. Guarda la Escritura como un tesoro

En el primer capítulo, Pablo exhorta a Timoteo a que guarde la Palabra de Dios: «*Retén* la norma de las sanas palabras que has oído de mí, en la fe y el amor en Cristo Jesús. *Guarda*, mediante el Espíritu Santo que habita en nosotros, el tesoro que te ha sido encomendado» (vv. 13-14, énfasis añadido). Ese tesoro al que se refiere es el conjunto de instrucciones que le enseñó a Timoteo.

Pablo ve este cuerpo de enseñanzas, que hoy tenemos en la Biblia, como un legado que Timoteo debe retener en su vida y ministerio. Todo cristiano y líder necesita comprender el valor de la Palabra de Dios, ya que esta es la revelación de Dios mismo, Su plan y Su voluntad. Si deseas guiar a los jóvenes a conocer a Dios y a vivir para Su gloria, no existe otro camino. Fuera de la Palabra de Dios, no hay manera de conocer a Cristo, quien nos lleva al Padre, al Espíritu Santo que nos convence de pecado y nos santifica, y las promesas eternas que el Padre nos da.

Permíteme ilustrarlo con algo que atesoramos sin darnos cuenta. Piensa por un momento en nuestros teléfonos. Hemos llegado a un punto en el que son necesarios para casi todas las actividades en la vida diaria. Para muchos, el teléfono es lo que los despierta, la primera luz que ven los ojos al despertar. Nos aseguramos de llevarlo a todos lados, lo consultamos constantemente y estamos pendientes de las notificaciones, al punto de que podemos sentirnos desprovistos y desubicados si lo llegamos a perder. ¿Podríamos decir que atesoramos nuestra Biblia más que al teléfono?

Atesoramos algo cuando le atribuimos valor y lo priorizamos. Esto se evidencia en cómo dedicamos nuestra atención, tiempo y devoción. Nuestros corazones, ciegos ante el tesoro de la Escritura, necesitan clamar a Dios: «Abre mis ojos, para que vea las maravillas de Tu ley» (Sal. 119:18). Mientras más apreciamos el valor de la Palabra, más vemos la necesidad de hacerla parte de nuestras vidas, decisiones y aun en nuestra propia conversación mental con nosotros mismos.

En otras palabras, atesoramos la Escritura cuando meditamos en ella. Por ejemplo, cuando reflexionamos en la obra de Cristo y en la esperanza que nos ofrece en esta vida y la venidera, llevamos con nosotros esa verdad a lo largo de nuestro día. También atesoramos la Palabra cuando la memorizamos y la guardamos en nuestros corazones como provisión para los días difíciles, y cuando la estudiamos con seriedad. (Muchas veces, la tendencia en los líderes es solo estudiar para enseñar a otros y no para nuestro propio crecimiento). Finalmente, atesorar la Palabra se evidencia en una obediencia movida por amor y sujeción a Su autoridad.

2. Conoce la Escritura con precisión

«Procura con diligencia presentarte a Dios aprobado, como obrero que no tiene de qué avergonzarse, que maneja con precisión la palabra de verdad» (2:15). Sin duda, este es un llamado para todo creyente, pero si, como Timoteo, sirves a Dios en una iglesia, conocer la Escritura es incluso más imperativo.

Una manera de practicar este versículo es evaluando qué tan diligentes somos para estudiar la Biblia antes de enseñarla.

Pensando en eso, a continuación te comparto algunas preguntas que te ayudarán a discernir esto. Imagina que vas a enseñar un libro de la Biblia a los jóvenes. Luego de que escoges el libro...

- ¿Lo lees con cuidado de principio a fin?
- ¿Tomas tiempo para conocer el contexto cultural en que fue escrito? ¿Sabes cuándo se escribió, quién lo escribió, cuál fue su audiencia original?
- ¿Respetas las reglas de interpretación según el género literario?
- Al estudiar un pasaje, ¿prestas atención a cómo se conecta con lo que el autor dice antes y después? ¿Te detienes para conocer el contexto literario?
- ¿Puedes ver el pasaje a la luz del libro y la gran historia de la redención (creación, caída, redención y restauración)?

Podemos continuar con más preguntas, pero mi punto no es abrumarte. Todo lo contrario, deseo animarte a ver el vasto mar de las riquezas de la sabiduría de Dios para que te lances sin miedo a escudriñar en sus profundidades. ¡Hay tanto por conocer en la Palabra de Dios! Sé diligente en entender lo que guardas en tu corazón y lo que enseñas a los jóvenes para que permanezcan firmes en la verdad.

3. Somete tu vida a la autoridad de la Escritura

Pablo afirma: «Toda Escritura es inspirada por Dios y útil para enseñar, para reprender, para corregir, para instruir en justicia, a fin de que el hombre de Dios sea perfecto, equipado para toda buena obra» (2 Tim. 3:16-17). La Biblia nos fue dada por Dios y, por consiguiente, debe ser la máxima autoridad para nuestras vidas. El líder de jóvenes que atesora la Palabra de Dios se somete a ella.

Al hablar de esto, podemos hacerlo desde dos perspectivas. La primera tiene que ver con lo relacionado al ministerio del líder. En el ministerio a los jóvenes, necesitamos reconocer la Biblia como la máxima autoridad y usarla como estándar de lo correcto y verdadero. Así que, al considerar los temas que serán enseñados, los programas que se van a desarrollar o el currículo para implementar en el ministerio, debemos asegurarnos de que todo se desprenda de la Palabra de Dios. Que todo lo que vayamos a usar para instruir, corregir y equipar surja de la Escritura. ¿Significa eso que no podemos usar otros recursos y libros? ¡Claro que sí podemos! Pero nos aseguraremos de que todo libro apunte al Libro. Procura usar recursos que estén saturados de la Palabra de Dios y el evangelio.

La segunda perspectiva desde la que podemos ver el llamado a la sujeción a la Palabra y su autoridad tiene que ver con todas las áreas de la vida personal del líder. Sin importar la circunstancia en que estemos, necesitamos rendir toda nuestra vida al señorío de Cristo. Por ejemplo, si eres un líder soltero, tu forma de conducirte debe ser coherente con el estándar de la Palabra, siendo «ejemplo de los creyentes en palabra, conducta, amor, fe y pureza» (1 Tim. 4:12). Tu sexualidad debe someterse a la voluntad de Dios (1 Cor. 6:18), así como tu relación de noviazgo (1 Cor. 7:7-9). Si estás casado, tu trato a tu cónyuge debe expresar la sumisión al diseño de Dios para el matrimonio (Ef. 5:22-33), y lo mismo en la crianza de los hijos (Col. 3:21).

Una vida sometida a la Escritura y saturada de Dios será de influencia a los jóvenes que ministras, pues nada será más convincente para un joven que un testimonio vivo del poder transformador del evangelio en la vida de su líder.

4. Procura enseñar la Escritura con fidelidad

En el último capítulo de la segunda carta a Timoteo, Pablo lo insta una vez más a atesorar la Palabra y enseñarla todo el tiempo:

> En la presencia de Dios y de Cristo Jesús, que ha de juzgar a los vivos y a los muertos, por Su manifestación y por Su reino te encargo solemnemente: Predica la palabra. Insiste a tiempo y fuera de tiempo. Amonesta, reprende, exhorta con mucha paciencia e instrucción.
>
> Porque vendrá tiempo cuando no soportarán la sana doctrina, sino que teniendo comezón de oídos, conforme a sus propios deseos, acumularán para sí maestros, y apartarán sus oídos de la verdad, y se volverán a los mitos. Pero tú, sé sobrio en todas las cosas, sufre penalidades, haz el trabajo de un evangelista, cumple tu ministerio. (2 Tim. 4:1-5)

¿Puedes notar el sentimiento con que Pablo comunica estas palabras? Pablo anhela que Timoteo siga haciendo de la Biblia el fundamento de sus enseñanzas. Y si le preguntamos a Pablo el porqué de este encargo, nos da una razón contundente: llegará el tiempo en que las personas (¡y tus jóvenes!) no se interesarán en la Palabra ni en la enseñanza bíblica. Al contrario, buscarán líderes que los entretengan al darles enseñanzas a la medida de sus deseos, que sean divertidos, motivadores y humoristas; que brinden un mensaje que satisfaga sus intereses pecaminosos y los haga sentir cómodos.

Ellos se apartarán de la verdad porque los incomoda y los confronta. ¿Puedes ver la seriedad de esto? Es un asunto de vida o muerte eterna. Si, como líder, no te comprometes a enseñar fielmente la Palabra de Dios, terminarás sirviendo a los intereses de los jóvenes y no a los intereses de Dios. Al igual que la iglesia que Timoteo pastoreaba, los jóvenes que diriges necesitan conocer a Dios, Su carácter, Sus atributos. Necesitan conocer su condición como pecadores: cómo se han rebelado contra Dios y por qué merecen una condenación eterna. Pero más aún, necesitan conocer el plan de salvación por medio de Jesús. Necesitan saber cómo Dios los declara justos en Cristo. Como si esto fuera poco, los hace parte de Su familia, les da una nueva identidad y les garantiza la vida eterna. Esto solo sucederá por medio de la proclamación fiel de Su Palabra; solo así los jóvenes podrán conocer a Jesucristo.

No puedo pensar en esta realidad sin sentir el peso y el encargo que Dios nos ha dado como líderes. Las implicaciones de no comprometernos con esto son gigantescas. Pablo lo sabía, Timoteo lo sabía y ahora tú también lo sabes.

Exalta la luz verdadera

Imagina por un momento lo contrario a lo que hablamos aquí. Piensa en cómo luce un ministerio juvenil dirigido por alguien que no se somete a la Escritura. ¿Puedes describirlo en tu mente? Por mi parte, no necesito mucha imaginación porque yo era ese líder. Recuerdo cómo eclipsaba la Palabra de Dios con las luces en las reuniones y con los programas que seguía, con los que yo trataba de atraer a los jóvenes.

Uno de los grandes errores que cometemos en el liderazgo juvenil es pensar que los jóvenes necesitan un poquito de la Biblia y mucho entretenimiento. Fallamos cuando pensamos que necesitamos métodos relevantes para mantener la atención de los jóvenes, pues al final del día, el mundo siempre los va a entretener mejor. Fallamos al pensar que enfatizar la enseñanza de la Biblia puede hacernos lucir «religiosos», sin tomar en cuenta que esa Palabra transformará a los jóvenes. Más que mensajes motivacionales o de superación personal, ellos necesitan la instrucción de la Palabra de Dios. Pero para proclamarla con fidelidad, la verdad de la Escritura primero debe capturar al líder hasta que su vida esté sometida a ella.

Amigo líder, te ruego que te comprometas a enseñar la Escritura, pero sobre todo, a amarla con todo tu corazón y a someterte a Su autoridad. Usa en tu ministerio todo lo que tengas a tu disposición, pero que nada eclipse a la Luz verdadera que es capaz de hacer lo que ninguno de tus esfuerzos logrará: transformar a esos jóvenes que amas a la imagen de Cristo.

Preguntas para discusión

- ¿Cómo explicarías la importancia de atesorar la Palabra y enseñarla a los jóvenes a quienes eres llamado a servir?
- De las exhortaciones que Pablo escribió a Timoteo, ¿cuál te impacta más a nivel personal y por qué?
- ¿Qué decisiones prácticas puedes tomar para amar y conocer mejor la Biblia, y enseñarla con precisión a los jóvenes?

CAPÍTULO 3
UN LÍDER QUE DEPENDE DEL ESPÍRITU SANTO

Por «Pepe» Mendoza

Porque todos los que son guiados por el Espíritu de Dios,
los tales son hijos de Dios.
(Rom. 8:14)

El Señor me atrajo a Sus pies cuando tenía quince años. Desde la primera vez que pisé la iglesia, y por más de un cuarto de siglo, mi vida cristiana giró, creció y cobró fuerza en medio del ministerio de jóvenes de diferentes iglesias en varios países. He sido participante activo, líder de jóvenes, pastor de adolescentes, jóvenes y jóvenes adultos en diferentes momentos. Mucho de lo que soy como cristiano es el resultado de la forma en que me ministraron y ministré durante ese tiempo. Soy la suma del esfuerzo de muchos cristianos que dejaron su grano de arena de edificación, comunión, exhortación, compañía y ejemplo en mi vida.

Lo que acabo de decir podría ser malinterpretado porque da la impresión de que fueron esos cristianos —a quienes amé y me amaron en el Señor— la «pieza clave» para mi crecimiento espiritual. No puedo negar que fueron usados por Dios, pero sería injusto para ellos y para el Señor decir que ellos fueron más que instrumentos divinos en mi propio proceso de madurez cristiana. En realidad, el gran protagonista de mi edificación personal es el Espíritu Santo.

La obra del Espíritu Santo es fundamental en la vida del cristiano desde su concepción y para su santificación, crecimiento en madurez conforme a Jesucristo, y en el desarrollo y desempeño ministerial. No hay aspecto de la vida cristiana en que el Espíritu Santo no cumpla un rol preponderante, único y fundamental. Sin embargo, la mayoría de los líderes de jóvenes tienen ideas dislocadas e inconexas sobre la presencia del Espíritu en la vida del creyente en particular y de la iglesia en general. Esto puede deberse a prejuicios con respecto a la práctica carismática o pentecostal que muchos líderes suponen de manera automática o quisieran evitar, y a la falta de una instrucción sana y exhaustiva de esta doctrina crucial.

Nuestro Consolador

Una de las frases más enigmáticas del Nuevo Testamento es pronunciada por Jesús, justo cuando comunica Su partida a los discípulos, y ese anuncio inesperado llena de tristeza sus corazones (Juan 16:6). Jesús no solo los deja entristecidos, sino que sigue hablando y los deja más perplejos con estas palabras: «Pero Yo les digo la verdad: les conviene que Yo me vaya; porque si no me voy, el Consolador no vendrá a ustedes; pero si me voy, se lo enviaré» (v. 7).

Jesús recalca que les está diciendo la verdad, no solo de Su partida, sino de la «conveniencia» de Su despedida. La palabra griega denota que no solo se trata de algo oportuno, sino que es hasta provechoso para los discípulos. Aunque esto era importante, ellos no lo podían entender y creo que, dos mil años después, nosotros todavía no captamos el peso del asunto.

Si yo hubiera estado en ese grupo selecto en ese momento tan crucial, me habría adelantado a Pedro y le hubiera dicho a Jesús con una pizca de enojo: «Pero rabí, ¿qué tiene esto de "conveniente" (mientras marcaba un énfasis con mis manos, haciendo el gesto de las comillas)? ¡Nadie podría superar tu presencia, cuidado y sabiduría!». Estoy seguro de que muchos tenían el mismo pensamiento en ese instante, pero se quedaron mudos de asombro.

Bueno, el quid del asunto está en esa palabra con la que denomina al reemplazante: *Consolador*. Debido a que es una palabra que nos suena a alguien que viene a aliviar nuestro sufrimiento en un momento de dolor, no creo que la primera idea que viene a nuestra mente sea la de alguien que cumpla una función permanente en nuestras vidas. Al final, no somos tan sentimentales ni débiles como para que nos estén «consolando» todo el tiempo. El término «Consolador» es *parákletos* en griego. De seguro has escuchado la traducción de este término en muchas oportunidades, por lo que no abundaré en su significado. Sin embargo, quisiera recalcar tres verdades que los líderes de jóvenes necesitan atesorar sobre este Consolador que tenemos y sin el cual la vida cristiana y el ministerio juvenil resulta imposible.

El Espíritu Santo es el sello y la garantía de la redención

En primer lugar, la presencia del Espíritu Santo confirma que la obra de redención ha sido cumplida a cabalidad por Jesucristo. El Señor habló de la venida del Consolador desde la perspectiva de Su partida inminente al Padre. El apóstol Pedro lo entendió así, como leemos en su primer sermón en Pentecostés (Hech. 2:32-36), y Pablo señaló que la presencia del Espíritu Santo en nuestras vidas es el sello y la garantía de nuestra redención (2 Cor. 1:22). Por lo tanto, la presencia del Consolador no solo confirma que somos beneficiarios por gracia de la obra de Dios en Cristo, sino que también somos propiedad de Dios y templo del Espíritu Santo (1 Cor. 6:19). Esto va de la mano con el rol del Espíritu Santo en la conversión. Una razón por la que Su presencia en nosotros es un sello y una garantía de que ahora somos de Dios es que el Espíritu mismo es el responsable y único capaz de «convencer» al ser humano «de pecado, de justicia y de juicio» (Juan 16:8). Esta labor de exposición de la realidad espiritual innegable de condenación del ser humano solo puede ser realizada por el Espíritu mismo, quien conoce las profundidades de Dios y también las del ser humano (1 Cor. 2:10-11). No hay líder que conozca esa realidad y que pueda exponerla con tal capacidad que doblegue un corazón delante de Dios. Saber que solo el Espíritu Santo puede llevar a una persona a los pies de Cristo debe humillarnos y llevarnos a depender por completo del Señor y menos de estrategias, programas o la elocuencia de los predicadores. Si entendemos el lugar prominente del Espíritu Santo en la transformación de un joven que pasa de muerte a vida, todo lo demás será útil, pero nunca imprescindible.

No podremos dar ni un paso en el discipulado —y menos esperar algún fruto espiritual— sin que antes el evangelio haya sido predicado y el Espíritu Santo haya intervenido, redimido con la sangre del Cordero, convertido y cambiado el corazón de nuestros jóvenes, y Su presencia more en sus vidas. Solo sobre la base del nuevo nacimiento, la justificación por la fe —cuando somos declarados justos y perdonados por Dios— y la morada del Espíritu Santo en los creyentes, podemos concluir con Pablo: «Porque han sido comprados por un precio. Por tanto, glorifiquen a Dios en su cuerpo y en su espíritu, los cuales son de Dios» (1 Cor. 6:20).

El Espíritu Santo ilumina la Palabra y nos guía a toda verdad

En segundo lugar, a este Consolador se lo reconoce como «el Espíritu de verdad» (Juan 14:17) y Su función será guiarnos a «toda la verdad» (16:13). Esta es la realidad en la que más hincapié haré aquí, por lo crucial que resulta. La verdad a la que el Espíritu nos guiará no será nueva, mística o misteriosa. Por el contrario, Jesús nos dice que se trata de la verdad proclamada en la Escritura y que lo glorificará (v. 14). El teólogo Juan Calvino lo explicó así:

> Debemos dedicarnos con diligencia tanto a escuchar como a leer la Escritura, si queremos beneficiarnos de la acción del Espíritu de Dios… El Señor ha unido y ligado la verdad de su Espíritu y la de Su Palabra. Cuando nuestro entendimiento recibe con obediencia esta Palabra, vemos resplandecer el Espíritu Santo que nos hace, de alguna manera, contemplar el rostro de Dios; y también, cuando, sin miedo a equivocarnos o ser engañados, recibimos al Espíritu Santo, lo reconocemos en Su imagen, Su Palabra.[1]

La dirección oportuna y sobrenatural del Espíritu de Dios es fundamental para ser guiados a través de realidades espirituales que nos sobrepasan, de las que el mundo nunca ha hablado, que nunca hemos visto, oído o siquiera imaginado (Isa. 55:7-11; 1 Cor. 2:9). Todos necesitamos la presencia

---

1. Juan Calvino, *Institución de la religión cristiana* (Grand Rapids, MI: Libros Desafío, 2012), 50-51.

del Espíritu Santo para poder vislumbrar, entender y vivir la verdad liberadora del evangelio.

La cultura contemporánea busca que creamos que la verdad está en nuestro interior, que nuestra opinión tiene el peso que solo tiene la verdad y que debemos desconfiar de todos aquellos que discrepan con nosotros y no aprueban nuestros sentimientos y anhelos. Por lo tanto, los líderes de jóvenes deben ser conscientes de las enormes presiones que tiene la juventud para menospreciar la Palabra de Dios. Asimismo, deben suplicar por la intervención del Espíritu Santo en la iluminación de la verdad eterna de Dios y la manifestación de Su poder único para hacer que esa Palabra permita ver lo más recóndito del corazón humano y la gloria más excelsa de nuestro Dios. Es crucial que entendamos cuál es la función específica del Espíritu como guía a la verdad. William Hendriksen lo explica de forma exhaustiva y por eso lo cito en extenso:

> La función del Espíritu Santo en la iglesia se describe como la de guiar, literalmente: «ir delante». El Espíritu no usa armas externas. No manipula; guía. Ejerce influencia en la conciencia regenerada del hijo de Dios (y aquí en particular, de los oficiales y dirigentes), y amplía los temas que Jesús había presentado durante Su permanencia en la tierra. Así, pues, guía hacia toda la verdad, es decir, hacia el cuerpo entero (con énfasis en este adjetivo) de la revelación redentora. El Espíritu Santo nunca pasará por encima de un tema. Nunca insiste en un punto de doctrina a costa de todos los demás. Guía hacia toda la verdad. Además, en el desempeño de esta tarea está en relación íntima con las otras personas de la Trinidad. [...]
>
> El Padre y el Espíritu son uno en esencia. Lo que el Espíritu oye del Padre, lo murmura en el corazón de los creyentes en

y por medio de la Palabra. Busca constantemente las profundidades de Dios. Las comprende y las revela a los hijos de Dios (1 Cor. 2:10,11). Al decir lo que oye, el Espíritu es como el Hijo, porque este también habla de lo que ha oído del Padre (y visto cuando estaba con Él; Juan 3:11; 7:16; 8:24; 12:49; 14:10,24) [...]. El Espíritu vendrá (16.8); guiará a toda la verdad (16:13a); y revelará las cosas que habrán de venir (16:13b) [...]. En tanto que el mundo está muy ocupado en la obra de rechazar al Cristo y de perseguir a Su iglesia, el Espíritu Santo, por medio de la predicación de los apóstoles, glorificará a Cristo.[1]

Esta obra del Espíritu Santo a través de la Escritura es fundamental en el ministerio juvenil. Nosotros y nuestros jóvenes podremos llevar una vida recta, limpia y obediente solo si estamos dispuestos a observar, preservar y poner en un lugar prominente la Palabra de Dios en nuestras vidas (Sal. 119:9). Estoy seguro de que eso es algo que recalcamos entre nuestros jóvenes. Sin embargo, no sé si ellos podrían concluir que la Palabra de Dios y la guía del Espíritu Santo deben tener la prominencia cuando ellos observan nuestros énfasis, programas y actividades en el ministerio.

La enseñanza e instrucción alrededor de la Palabra de Dios es una condición *sine qua non* para la dependencia del Espíritu Santo en el ministerio juvenil. Muchos líderes de jóvenes temen que jóvenes como Eutico se mueran de sueño ante charlas bíblicas prolongadas o profundas. Lo que aprendo de Pablo es que no se amilanó con la situación, predicó hasta el amanecer y «al muchacho se lo llevaron vivo, y quedaron grandemente consolados» (Hech. 20:7-12).

---

1. William Hendriksen, *Comentario al Evangelio según San Juan* (TELL), 600-601.

La superficialidad en la enseñanza de la Biblia entre los jóvenes nunca será una estrategia que promoverá el crecimiento espiritual, pues nunca será avalada por el Espíritu Santo. Los jóvenes viven sujetos a la tiranía del entretenimiento y la frivolidad de las redes sociales, las cuales nublan y copan sus mentes con mensajes e imágenes incompletos, deleznables y heréticos. Viven en la burbuja de un universo propio creado por algoritmos que solo favorecen sus propios deseos egoístas. Solo escuchan y miran lo que les gusta; nunca son confrontados por una verdad superior y, como consecuencia, sus conciencias se debilitan cada día más.

No podemos enfrentarnos a esta realidad generalizada entre la juventud sin la presencia y dirección del Espíritu Santo y sin abundancia de la Palabra. Buscar el crecimiento espiritual de los jóvenes sin considerar el lugar central de la presencia del Espíritu Santo y Su guía por toda la Escritura es simplemente infructuoso. Es una fórmula para el fracaso y para dejar desnutrida a toda una generación de jóvenes, quienes quizás llegarán a ser «amigos» o «conocidos» de Dios o la iglesia, pero una generación que nunca estará formada por hijos de Dios que «han nacido de nuevo [...] mediante la palabra de Dios que vive y permanece» (1 Ped. 1:23).

Es posible que un líder de jóvenes se sienta sobrepasado ante la demanda de formar a toda una generación con todo el consejo de Dios. Esa es una razón por la que también el Espíritu Santo viene en nuestra ayuda y nos guía al momento de alimentarnos con la Palabra en nuestro devocional, estudio bíblico o en la preparación de algún tema o exposición bíblica. En el mismo sentido, no debemos olvidar esta gran promesa de nuestro Señor Jesucristo: «Cuando los lleven a las sinagogas y ante los gobernantes y las autoridades, no se preocupen de cómo o de qué hablarán en defensa propia, o qué van a decir; porque el Espíritu Santo en esa misma hora les enseñará lo que deben decir» (Luc. 12:11-12).

Vale decir que lo anterior no significa que lo único que necesitan los líderes de jóvenes para cumplir con el ministerio juvenil bajo la guía del Espíritu Santo sea un aula o púlpito. Aunque debemos reconocer la supremacía de la instrucción bíblica en sujeción al Espíritu, las formas de presentación pueden ser tan creativas y atractivas como lo es la Palabra de Dios. El Señor nos ha hablado a través de historias, poemas, profecías, parábolas, símiles y muchas formas más. No debemos olvidar que la iglesia ha sido creativa en el uso de los diferentes recursos comunicacionales. Desde el uso de las epístolas por parte de Pablo hasta las catedrales llenas de vitrales, todas son demostraciones de que el Señor nos ha dado creatividad para compartir Su Palabra con efectividad.

El Espíritu Santo lidera por completo a la iglesia

En tercer lugar, otro aspecto importante en la labor del Espíritu es establecer el rumbo de Su iglesia y el lugar que los hijos de Dios ocupan en ella. Es notable cómo esto se evidencia a lo largo del libro de los Hechos. La dirección y el crecimiento de la iglesia son provistos por el Espíritu. Lucas no duda en decir que la iglesia que andaba «en el temor del Señor y en la fortaleza del Espíritu, seguía creciendo» (Hech. 9:31). Ese Espíritu eligió a Bernabé y Saulo para las misiones (Hech. 13:2), pero no los dejó entregados a sus propias estrategias. Por el contrario, Su guía se hizo sentir hasta el punto de impedirle a Pablo entrar a Asia o Bitinia para predicar el evangelio y dirigirlos en cambio a otro lugar (Hech. 16:6-7).

El Espíritu Santo tiene la última palabra en nuestras decisiones ministeriales. De la misma manera, como ya vimos, Él será quien abrirá las mentes y los corazones de aquellos a los que estamos ministrando. Pedro experimentó la preparación de Dios por medio del Espíritu Santo (Hech. 10:19) para la tarea evangelizadora que realizaría en la casa de Cornelio y fue testigo de cómo el Espíritu tocaba a sus oyentes de forma sobrenatural mientras él todavía estaba hablando (Hech. 10:44).

Los líderes de jóvenes deben reconocer con sumo respeto que no pueden obviar ni interponerse a la obra soberana del Espíritu Santo sobre Su iglesia. No hay tarea o posición en ella que le sea indiferente o que no haya sido designada por el Espíritu. Pablo señaló la gran diversidad del cuerpo de Cristo, no sin antes afirmar: «Pero todas estas cosas las hace uno y el mismo Espíritu, individualmente a cada uno según Su voluntad» (1 Cor. 12:11).

Sin importar la posición de servicio que ocupes en el ministerio de jóvenes, nunca olvides que no es producto de tu voluntad, sino de la voluntad del Espíritu (vv. 18-20). Por lo tanto, no te esfuerces tanto por alcanzar un lugar anhelado en el liderazgo, sino esfuérzate por conocer el lugar que el Señor ha dispuesto para ti y que, sin lugar a duda, será bueno para ti y los demás.

Finalmente, la Escritura nos dice que toda posición o el éxito de una actividad ministerial dependen de la voluntad y el poder del Espíritu en nosotros, pero también nos muestra que hay un camino más excelente que nos corresponde recorrer a todos sin excepción, es decir, la disposición a amar a Dios y a nuestro prójimo como a nosotros mismos (v. 31).

Camina en el Espíritu

En esta reflexión sobre el rol del Espíritu Santo, lo que quise dejar en claro es que debemos ser conscientes de que toda nuestra labor ministerial con jóvenes no podrá ser posible, en lo más mínimo, sin nuestro sometimiento absoluto al Espíritu Santo. Como enseña el texto del encabezado de este capítulo, los hijos de Dios son aquellos que son guiados por Su Espíritu (Rom. 8:14). Así que a modo de conclusión, te invito a meditar en estas exhortaciones del apóstol Pablo, útiles para reconocer nuestra posición y someternos al Espíritu, y que no requieren mayor explicación:

Y *no entristezcan al Espíritu Santo de Dios*, por el cual fueron sellados para el día de la redención. […] Por tanto, tengan cuidado cómo andan; no como insensatos sino como sabios, aprovechando bien el tiempo, porque los días son malos. Así pues, no sean necios, sino entiendan cuál es la voluntad del Señor. Y no se embriaguen con vino, en lo cual hay disolución, sino *sean llenos del Espíritu*. […] *Tomen también* […] *la espada del Espíritu que es la palabra de Dios*. Con toda oración y súplica *oren en todo tiempo en el Espíritu*, y así, velen con toda perseverancia y súplica por todos los santos.

(Ef. 4:30; 5:15-18; 6:17b-18, énfasis añadido)

Preguntas para discusión

- ¿Cómo explicarías en tus propias palabras la importancia del Espíritu Santo para tu vida, tu ministerio y el liderazgo a los jóvenes?
- De las verdades mencionadas sobre el Espíritu Santo en este capítulo, ¿cuál te llamó más la atención y por qué?
- ¿Cómo puedes cultivar tu comunión y dependencia del Espíritu Santo?

CAPÍTULO 4

UN LÍDER QUE CAMINA EN SANTIDAD Y PUREZA

Por Kari Evaristo

... así como Aquel que los llamó es Santo, así también sean
ustedes santos en toda su manera de vivir.
(1 Ped. 1:15)

C uando pienso en el liderazgo juvenil actual, me alegro de que haya un fuerte número de jóvenes asumiendo este llamado con integridad, gozo y valentía. Pero esto no siempre es así. He sido testigo de esta realidad: en incontables iglesias hay líderes de jóvenes cayendo en pecados notorios y alejándose de la fe. Seguramente también lo has visto. De repente, un líder empieza a aislarse de los demás, deja de congregarse, abandona su servicio y finalmente surge alguna publicación en redes sociales donde vemos que su vida tomó un rumbo diferente.

Entonces, nos preguntamos: ¿qué pasó? ¿Cómo comenzó el problema? ¿Qué hizo que este líder se «vaya al mundo»? A decir verdad, hay mucho para decir en respuesta a esta triste realidad. Sin embargo, este es un capítulo sobre nuestro llamado a la santidad y la pureza, y en eso quiero enfocarme mientras oro para que Dios nos guarde de apartarnos de Él.

Al ver cómo muchos líderes de jóvenes fracasan de maneras tan lamentables, parece que la santidad y todo lo que aprendimos sobre ella desde nuestros primeros cursos de «verdades básicas» se volvió una prioridad abandonada. Puede que en medio del activismo de cada domingo hayamos descuidado el llamado del Señor a caminar en pureza, tanto en lo público como en lo secreto. En mi experiencia, la santidad es uno de los temas menos predicados en muchos grupos de jóvenes. Solemos evitar los temas que nos incomodan o parecen demandantes. Si en un salón tuviéramos una reunión para hablar sobre la santidad de Dios, y en el salón de al lado tuviéramos una reunión sobre cómo hallar al amor de tu vida, la diferencia en la asistencia sería visible. ¿Qué nos pasó que muchos jóvenes hemos perdido (o nunca tuvimos) la pasión por hablar del Dios santo?

Parece que, en alguna parte del camino, perdimos el rumbo. En el intento de querer «ganar más almas», hemos rebajado el evangelio a algo barato, y también el estándar para el líder de jóvenes. En el intento de «levantar más líderes», hemos sacrificado la santidad y la pureza a cambio de la capacidad de alcanzar a jóvenes. En el intento de ocupar a nuestros jóvenes en actividades cristianas, los hemos enterrado en agendas, descuidando así la comunión con Dios y los unos con los otros para alentarnos a la santidad. Y en el intento de amarlos, nos hemos malacostumbrado a decirles que son «nuestros», cuando en realidad las ovejas son del Señor santo, que demanda que ellos y nosotros seamos santos.

La importancia de la santidad

A lo largo de la Escritura, vemos que el deseo de Dios siempre fue apartar a Su pueblo para que sea santo. Al obedecer este llamado, honramos el sacrificio de Cristo. Una y otra vez, el mensaje es claro: «SEAN SANTOS, PORQUE YO SOY SANTO» (1 Ped. 1:16). Como escribe el autor de Hebreos: «Busquen la paz con todos, y la santidad, sin la cual nadie verá al Señor» (Heb. 12:14).

La santidad es el principal fruto de todo el que ha nacido de nuevo (Rom. 6:22). Ser cristiano es trabajar con dedicación en la santificación personal, en la búsqueda de la pureza, hasta el día de Cristo (1 Jn. 3:2-3). De hecho, la santificación es el efecto transformador del Espíritu Santo en nosotros, al hacernos más como Él (2 Cor. 3:18). En otras palabras, al buscar la pureza, me parezco más a Jesús y doy gloria a Dios.

Este llamado cobra importancia sobre otros imperativos en nuestras vidas debido a que es una necesidad primaria para nosotros, y si somos líderes de jóvenes, es ineludible. Tal como Pablo instruyó a Timoteo, él, como líder, debía caracterizarse por andar en pureza para que su juventud no fuese menospreciada (1 Tim. 4:12). Y como comenta el pastor Miguel Núñez: «Mucho del estancamiento de las iglesias hoy en día se debe precisamente a la falta de santidad en los púlpitos y en los bancos. Los líderes que no son santos estorban el trabajo de Dios».[1]

Dios nos llama a reconocer Su santidad y cambiar nuestra manera de vivir para que sea cada vez más conforme a Su Palabra. Para animarnos a perseguir la santidad y pureza, en el resto de este capítulo te invito a reflexionar en tres verdades que los líderes de jóvenes necesitamos recordar y atesorar al respecto.

---

1. Miguel Nuñez, *Siervos para Su gloria* (Nashville, TN: B&H Publishing Group, 2018), 82.

1. La santidad es crucial para el liderazgo espiritual

Para ser un líder espiritual que pueda ser de influencia verdadera para los demás —una influencia más valiosa que nuestros números de seguidores en las redes sociales—, es necesario mostrar un carácter confiable y creíble. La santidad debe ser el ingrediente principal de nuestro carácter y la formación de nuevos líderes. No es posible conducir a la nueva generación de creyentes hacia una vida en santidad si nosotros mismos no practicamos la pureza, al apartarnos del pecado para vivir entregados únicamente a Dios.

Una posición como «líder de jóvenes» te puede dar cierto nivel de «autoridad», pero por sí sola no marcará las vidas de tu ministerio juvenil. Ni el poder, ni la posición ni la personalidad producirán la influencia espiritual legítima. Los demás solo te seguirán si ven en ti una vida honesta y de carácter íntegro, y eso solo puede partir de un corazón que se somete a la voluntad de Dios.

Tenemos un ejemplo de esto en el liderazgo de Pablo, cuando escribe a la iglesia en Tesalónica: «nuestro evangelio no vino a ustedes solamente en palabras, sino también en poder y en el Espíritu Santo y con plena convicción; como saben *qué clase de personas demostramos ser entre ustedes* por el amor que les tenemos» (1 Tes. 1:5, énfasis añadido). Él pudo demostrar con su vida la santidad a la que llamaba a los demás a la luz del evangelio. ¿Podríamos decir lo mismo?

Debemos apuntar a una vida íntegra, sin pecados ocultos y con rendición de cuentas junto a otros hermanos en la iglesia, de manera que no haya nada que esconder ni temer. Caminar en pureza implica ser la misma persona cuando estoy siendo observado por todos que cuando nadie me ve y estoy solo en mi habitación. Esto es de impacto en la vida de los jóvenes para la gloria de Dios, pues lo que ellos más aprecian en el mundo es la sinceridad y lo auténtico.

Al mismo tiempo, esta verdad nos enseña que no debemos ceder a la presión de apuntar con rapidez nuevos líderes de jóvenes, como si la iglesia fuera una cadena rápida de producción de líderes. No caigamos en la trampa de anteponer la competencia a la integridad. Aunque se necesiten con urgencia manos extras para servir a los jóvenes, no confundamos la necesidad con el llamado de Dios. El carácter y el liderazgo espiritual no se forman en incubadoras, sino en dependencia absoluta al Señor, al buscar crecer en santidad.

2. La santidad vale más que la popularidad

Cuando era más joven, me encantaban los libros de una editorial especializada en publicar recursos para el ministerio juvenil. ¡Había de todo en ellos! Ideas para evangelizar, ideas para campamentos, ideas para juegos en grupos pequeños, grandes, al aire libre o dentro de un salón, ideas para recaudar fondos, etc. Estos libros muchas veces salvaron mi reunión de jóvenes. Me ayudaron a tener a los adolescentes expectantes por la próxima actividad dinámica que tendríamos. Gozaba de ser una líder cada vez más popular entre ellos.

Tiempo después, caí en cuenta de lo que había creado. Mi grupo de jóvenes se volvió un grupo de consumidores exigentes de nuevo y mejor entretenimiento. Semana a semana, las ideas se acababan y ya no había nada que los saciara. Destinábamos mucho más tiempo para la recreación que para la comunión genuina unos con otros, hablando la Palabra entre nosotros. Los programas que seguía eran aparentemente efectivos para atraer a jóvenes, pero la popularidad ganada con entretenimiento no impresiona a Dios. Tener momentos de recreación no es algo necesariamente malo, pero no debería ser la prioridad.

A los ojos de Dios, la única cosa que puede hacernos exitosos en el ministerio a los jóvenes es vivir una vida santa y sin pecado, y ayudar a nuestros jóvenes a vivir así. Por lo tanto, ¿qué tal si como líderes destinamos más tiempo a estar en intimidad a los pies del Maestro en vez de andar pensando con demasiado afán en qué podemos hacer para ser líderes más populares? Yo misma necesito recordar que los grandes siervos de Dios no se caracterizaron por ser los más populares, sino por un carácter humilde y santo delante del Señor. «Porque esta es la voluntad de Dios: su santificación» (1 Tes. 4:3). Tengamos cuidado de perdernos en medio de los «me gusta» y los aplausos: recordemos que Dios prefiere nuestro corazón.

Asimismo, la efectividad del liderazgo a los jóvenes no puede medirse por el número de asistentes a la reuniones, o el grupo de evangelizados y bautizados. ¡Así que no te frustres si tienes pocos asistentes! Ten ánimo y agradece a Dios por esos pocos. Más bien, la efectividad en el liderazgo está en ver cómo ellos están siendo transformados por el evangelio, al andar en santidad —paso a paso y en medio de dificultades— como lo ven en ti también. De nada sirve tener un ministerio «grande» que mueva a muchos jóvenes si sus corazones están lejos de Dios. La prioridad de la santidad nos recuerda que más vale tener pocos jóvenes en el ministerio, pero fieles, que llegar a tener estadios llenos de hipócritas.

3. La santidad se busca en comunidad

Nuestras vidas como creyentes funcionan en sentido vertical con Dios y en sentido horizontal con nuestro prójimo y el mundo que nos rodea. Es por eso que la comunidad en la iglesia local es vital para caminar la carrera de la fe y terminarla, pues solo en ella somos capacitados «para la obra del ministerio, para la edificación del cuerpo de Cristo; hasta que todos lleguemos a la unidad de la fe y del pleno conocimiento del Hijo de Dios, a la condición de un hombre maduro, a la medida de la estatura de la plenitud de Cristo» (Ef. 4:12-13).

Es en la comunidad de la iglesia que somos llamados a corregirnos unos a otros para alentarnos a la santidad, como escribe Pablo: «Hermanos, aun si alguien es sorprendido en alguna falta, ustedes que son espirituales, restáurenlo en un espíritu de mansedumbre, mirándote a ti mismo, no sea que tú también seas tentado. Lleven los unos las cargas de los otros, y cumplan así la ley de Cristo» (Gál. 6:1-2). La exhortación del autor de Hebreos también resulta muy clara:

> Mantengamos firme la profesión de nuestra esperanza sin vacilar, porque fiel es Aquel que prometió. Consideremos cómo estimularnos unos a otros al amor y a las buenas obras, no dejando de congregarnos, como algunos tienen por costumbre, sino exhortándonos unos a otros, y mucho más al ver que el día se acerca. (Heb. 10:23-25)

El propósito de la comunidad de la iglesia es que allí nos sirvamos unos a otros para nuestra santificación. Sí, entre todos. De hecho, los mandamientos de «unos a otros» se repiten cerca de cuarenta y nueve veces en el Nuevo Testamento. Es innegable que Dios nos diseñó así, para que andemos en Su rebaño y allí crezcamos en pureza y santidad. No podemos pretender tener un crecimiento genuino como líderes si vivimos aislados de nuestros hermanos en la fe, ni seremos efectivos en nuestro ministerio juvenil si no alentamos a nuestros jóvenes a disfrutar de la comunión que tienen en Cristo con el resto de la iglesia local.

Busquemos la santidad

«Porque a los que de antemano conoció, también los predestinó a ser hechos conforme a la imagen de Su Hijo, para que Él sea el primogénito entre muchos hermanos» (Rom. 8:29). Este texto resume lo que Dios quiere obrar en nosotros y en lo que ya está trabajando. Él nos ama tanto que no quiere dejarnos igual que cuando nos encontró. Quiere hacernos semejantes a Su Hijo. Esta realidad me llena de consuelo y esperanza porque aún tengo mucho por crecer en mi santidad personal, y espero que también brinde aliento y ánimo a tu corazón.

Enseñemos que la santidad para nada es algo religioso o aburrido y que, por el contrario, hay una belleza especial para contemplar al explorar todas las aristas del único atributo de Dios donde Él es tres veces algo, pues no hay nadie como Él (Isa. 40:25). Este es un privilegio maravilloso, pues sin el sacrificio de Cristo no tendríamos acceso para contemplar la santidad de Dios, no podríamos ni siquiera relacionarnos con Él (comp. Ef. 2:18). ¡En Cristo podemos conocer al Dios infinitamente santo y tener comunión con Él!

Así que, mientras otros buscan popularidad, deseemos tener vidas marcadas por la pureza y que conozcan al Señor en lo íntimo. Mientras otros predican solo para hacer sentir bien a los jóvenes, prediquemos la verdad de la Escritura, aunque les resulte incómodo escuchar de su pecaminosidad y la santidad de nuestro Salvador. Busquemos ser una generación de líderes que viven con manos limpias y corazón puro, que no pierden tiempo en asuntos que socavan su santificación.

En conclusión, seamos intencionales en contemplar a Cristo en Su evangelio para que entonces seamos cada vez más parecidos a Él: «contemplando como en un espejo la gloria del Señor, estamos siendo transformados en la misma imagen de gloria en gloria, como por el Señor, el Espíritu» (2 Cor. 3:18). Solo de esa manera podremos vivir en adoración íntegra a Dios y reflejar Su santidad frente a una generación que necesita ser impactada por ella.

Preguntas para discusión

- ¿Por qué crees que la santidad es un tema tan impopular y poco interesante para muchos jóvenes y líderes en nuestra generación?
- ¿Cómo describirías la importancia de la santidad para nuestras vidas y liderazgo?
- ¿Cómo podemos buscar crecer en santidad y ayudar a los jóvenes en nuestro contexto a hacer lo mismo?

CAPÍTULO 5

UN LÍDER CON UNA VIDA ORDENADA

Por Uriel Esquer

Sean imitadores de mí, como también yo lo soy de Cristo.
(1 Cor. 11:1)

Tuve la oportunidad de servir en el liderazgo de jóvenes durante casi diez años. Las primeras semanas de cada enero planificamos las actividades del resto del año. Dentro del plan, siempre había un campamento que organizar, un congreso que visitar, un taller que impartir, una noche de adoración, etc. Sin embargo, con frecuencia perdíamos de vista el objetivo de toda esta planificación: formar personas santas que caminen con Jesús no solo en su juventud, sino hasta el final de sus vidas.

Los meses del año determinaban los temas de los que hablaríamos: en febrero, el noviazgo, la amistad y la pureza; en mayo, honrar a tu mamá; en junio, honrar a tu papá; en octubre, los cristianos y el Halloween. En fin, nuestra planificación no miraba primero a los jóvenes que servíamos, sino la fecha que marcaba el calendario. Éramos reactivos a lo que venía en la temporada, en lugar de ser proactivos para formar jóvenes a través de la Palabra.

Al concluir estos eventos, escuchábamos los testimonios de los jóvenes y nos alegrábamos de lo que Dios parecía estar haciendo. Pero la alegría no duraba mucho. En una ocasión, regresando del campamento de verano, una de las jóvenes pasó al frente para compartir con la iglesia sobre la experiencia íntima que tuvo en la presencia de Dios. Nos contó cómo sintió el amor del Señor más palpable que nunca y que su vida jamás sería igual. Semanas después, nos enteramos de que estaba en una relación de noviazgo con un joven que no era cristiano. No dejábamos de preguntarnos: «¿Por qué?». Creí que estábamos enseñando a los jóvenes a cultivar una relación personal con Dios. Sin embargo, todos estos eventos, en lugar de procurar la formación integral de los jóvenes, solo proveían una dosis de «adrenalina espiritual» que los dejaba emocionados por unas cuantas semanas. Aunque no era nuestra intención, los hicimos dependientes de los eventos para sentir que estaban cerca del Señor. Mientras tanto, sus vidas reflejaban prioridades desordenadas, lo cual era evidente en el hogar, sus estudios y sus relaciones con personas dentro y fuera de la iglesia.

En nuestro orgullo, en lugar de evaluar nuestro liderazgo, buscábamos la falla en los jóvenes a quienes servíamos. Nos quejábamos de su apatía y falta de pasión por Dios, y es cierto que ellos son responsables de sus propios pecados. Sin embargo, si nos hubiéramos examinado primero a nosotros mismos y la falta de orden en nuestras propias vidas delante de Dios, habríamos encontrado la raíz del problema: un grupo de jóvenes no puede ir más allá de donde están sus líderes.

La necesidad de modelar el orden

Como líderes, deseamos ver a los jóvenes en el camino del Señor. Deseamos contemplar vidas santas que van en pos de la cruz. Eso es maravilloso. Pero no debemos olvidar que todo lo que queremos en la vida de los jóvenes es lo que debemos cultivar en nuestra propia vida. Como señala Henry Cloud: «Usted se encuentra "ridículamente al frente" de la visión, la gente que invita a su casa, las metas y los propósitos que va a tener, las formas de conducta que se van a permitir y las que no. Es usted quien edifica y quien permite la cultura»[1].

Cuando no entendemos esto, invertimos nuestra energía en planear eventos para animar a los jóvenes a leer sus Biblias y orar… mientras que descuidamos nuestra vida devocional. Exhortamos a los chicos a ser parte activa de la iglesia local y servirse unos a otros en amor, mientras tenemos reuniones de equipo en las que peleamos durante horas para que nuestras ideas prevalezcan. Esperamos de nuestros jóvenes lo que no hemos desarrollado: una vida de disciplina y orden.

Quizás lo has notado en tu grupo de jóvenes: momentos hermosos, pero temporales, de despertar apasionado, pero temporales. Un equipo de trabajo agotado por las actividades que nunca terminan. El problema es que los líderes hemos descuidado nuestra labor de nutrirnos saludablemente en nuestro caminar espiritual y buscar ser un ejemplo a otros. «¡Que sigan a Cristo!», expresamos. «¿Como quién?», preguntan ellos mientras extienden su mirada en busca de un modelo.

Cuando Pablo escribe: «No permitas que nadie menosprecie tu juventud, sino sé ejemplo de los creyentes en palabra, conducta, amor, fe y pureza» (1 Tim. 4:12), no lo dice sin un ejemplo que Timoteo pudiera ver. Usamos este versículo para predicar a los jóvenes cómo deben ordenar sus vidas, pero se

---

1. Henry Cloud, *Límites para líderes: Resultados, relaciones y estar ridículamente a cargo* (Miami, FL: Editorial Vida, 2014), 15.

nos escapa que Pablo mismo es el ejemplo para Timoteo en este pasaje. Antes, el apóstol le dice que se discipline para la piedad, expresando que «en esto trabajamos, y nos esforzamos» (v. 10). Lo dice en plural, incluyéndose, porque Pablo modelaba a Timoteo la vida de piedad, una vida en orden y disciplinada, que depende siempre del Señor al lado de sus hermanos.

Por otra parte, me encanta cómo Lucas inicia el libro de los Hechos: «En el primer relato, estimado Teófilo, escribí acerca de todo lo que Jesús comenzó a hacer y a enseñar» (1:1). Esto es un recordatorio de que el *enseñar* está unido al *hacer*. De hecho, primero se menciona el hacer y después el enseñar. Jesús vivió un liderazgo que modeló una vida disciplinada y organizada que Sus discípulos pudieron observar. Él es el mayor ejemplo para todo líder.

El Señor Jesús oraba desde muy temprano, compartía el pan con los que lo rodeaban, predicaba el evangelio, bendecía al necesitado, conocía la Escritura y buscaba la dirección del Padre en cada paso que daba. Había un plan a seguir y Él buscaba apegarse a este cada día. Por supuesto, esto no le impedía glorificar a Dios cuando había «interrupciones», como la mujer cananea a la que le concedió su petición por mostrar una fe tan grande (Mat. 15:21-28).

Jesús mostró a Sus seguidores una vida ordenada y disciplinada al vivir con ellos. Este liderazgo cautivó tanto a los discípulos que ellos le pidieron a Jesús que les enseñara a orar como Él oraba (Luc. 11:1). Ahora bien, no sé cómo ha sido tu experiencia, pero en mis años de ministerio dedicado a jóvenes ellos no me pidieron ni una sola vez que les enseñara a orar. Debemos entender que lo que deseamos para nuestros jóvenes es mucho más que una comprensión de algunas doctrinas; queremos que sean discípulos activos, viviendo en misión en este mundo. Para esto es crucial recordar que los jóvenes necesitan modelos, no solo conferencistas o maestros detrás de un escritorio.

Tristemente, a causa de nuestra vida indisciplinada o desorganizada, levantamos defensas y excusas para nuestro desorden, que en muchas ocasiones se muestran como señales de superioridad «porque estamos casados», «porque tenemos hijos» o simplemente «porque somos mayores». A veces justificamos nuestra actitud señalando que tenemos buenos empleos que absorben nuestro tiempo y energía. A menudo presentamos estas excusas porque nos sentimos intimidados ante algunos jóvenes (en especial, los universitarios) que llegan erguidos a nuestro grupo como si conocieran las profundidades de toda filosofía.

Es preciso quebrar con humildad la altivez de quienes nos siguen, pues nosotros fuimos así antes de rendir nuestra vida a Cristo, pero también necesitamos dejar atrás nuestro orgullo. Necesitamos ser introspectivos delante del Señor e iniciar considerando todo lo que estamos haciendo.

¿Por qué hacemos lo que hacemos?

Es hora de un diagnóstico: ¿Por qué haces las cosas que haces?

Empecemos haciendo una lista. Incluye *todas* tus actividades: desde las juntas con el personal del grupo de jóvenes, reuniones en casa, reuniones de oración, reuniones de jóvenes (es decir, la actividad principal de la semana), reuniones de consejería, discipulado, tiempo de comunidad. Incluye también la reunión dominical, ya que normalmente participamos en ella de alguna manera. Agrega las reuniones con otros ministerios de la iglesia y no olvides incluir el tiempo de preparación para las reuniones que diriges. Incluye en tu lista tus tiempos para las disciplinas espirituales. También es importante considerar tu horario laboral (¡si trabajas ocho horas diarias, será crucial tenerlo presente!).

Una vez que tengas eso en tu lista, agrega el tiempo que pasas con tu familia de manera intencional, así como tus espacios para la recreación y formación. Por último, pero no menos importante, incluye el tiempo de descanso. Para cada elemento en tu lista, asigna las horas semanales o mensuales que le dedicas. No te estreses por ser demasiado preciso, pero intenta determinar un tiempo aproximado.

Ahora evalúa: *¿Qué es aquello en lo que inviertes más tiempo y por qué?* Una vez que tengas la respuesta, sigue un paso doloroso pero crucial: orar por sabiduría y definir cuáles son las cosas en las que debes enfocarte.

Quiero insistir en que te tomes el tiempo para orar por sabiduría (si eres como yo, seguro ya empezaste a hacer ajustes). Que tengamos el deseo, la pasión y la energía para hacer todas las actividades que ya hacemos no significa necesariamente que debemos participar en todas las actividades que participamos.

Deseamos que los jóvenes tengan una relación con Dios, una vida devocional disciplinada y constante, que estén presentes con sus familias, que descansen correctamente para que puedan disfrutar a pleno de la juventud, que formen parte de una comunidad que anda según el evangelio y lo comparte con otros. Deseamos formar todo esto en los jóvenes a quienes servimos. La pregunta clave es: *¿Cómo estamos modelando estas cosas?*

En una ocasión, organizamos un campamento de jóvenes y, para asistir (además de pagar la entrada), los jóvenes tenían que cumplir con cierta cantidad de horas de oración en grupo. Les tomábamos asistencia y todo. Resultó ser que ni los líderes encargados del evento podíamos juntar el tiempo de oración. Claro, teníamos muchas ocupaciones. Así que se decidió borrar al liderazgo de la lista de asistencia (pública)... los líderes ya no teníamos que cumplir con las horas acordadas.

En ese momento, me di cuenta de que estábamos poniendo cargas a los jóvenes que nosotros no estábamos dispuestos a llevar. A partir de esta triste historia, empecé a examinar las otras muchas cosas que esperábamos de los jóvenes y que no hacíamos. Jesús les dijo a los intérpretes de la ley: «¡Ay también de ustedes, intérpretes de la ley! Porque cargan a los hombres con cargas difíciles de llevar, y ustedes ni siquiera tocan las cargas con uno de sus dedos» (Luc. 11:46).

En mi caso, pasé mucho tiempo sirviendo en el ministerio de jóvenes de manera intensa... sin darme cuenta de que no compartía tiempo con no creyentes. ¡Había pasado más de un año sin compartir el evangelio con alguien que no fuera cristiano! Me avergonzó descubrirlo, pero entonces empecé a hacer ajustes en mis actividades. Dejé de servir en algunas cosas dentro de la iglesia local para poder tener el tiempo para salir a convivir con no creyentes y tener la oportunidad de mostrar el evangelio.

Es probable que una persona muy activa en la iglesia encuentre cómo justificar todo lo que hace, pero si eres así, te animo a reevaluar ese impulso y enfocar tu vida. Esto no se trata de ser perezosos en nuestro servicio a Dios. Soy consciente, por ejemplo, de todas las lágrimas y la sangre derramada por muchos hermanos para que hoy podamos tener la Palabra de Dios en nuestras manos. Cada uno de estos hermanos, sin embargo, en su sacrificio e imperfección, se enfocó en lo que Dios le mandó hacer. Sin duda, muchos hoy pensaríamos que ellos podrían haber hecho más: podrían haber escrito más libros, viajado a más lugares, tenido más reuniones, dejado más sermones para que las nuevas generaciones pudieran escuchar o leer.

Quizás incluso algunos de ellos mismos se sintieron así, pero tenemos que ser conscientes de dos cosas: (1) Cristo es quien edifica Su iglesia y (2) no estamos solos. Nuestro Señor Jesús continuará edificando Su iglesia pase lo que pase (Mat. 16:18), ¡y podemos gozarnos en ello! Además, hay millones de creyentes en todo el mundo trabajando junto a nosotros, haciendo discípulos con nosotros. También podemos gozarnos en ello y descansar por eso.

La planificación que honra a Dios

Somos llamados a tomar en serio lo que el apóstol Pablo escribió: «Tengan cuidado cómo andan; no como insensatos sino como sabios, aprovechando bien el tiempo, porque los días son malos. Así pues, no sean necios, sino entiendan cuál es la voluntad del Señor» (Ef. 5:15-17). Planificar bien es buscar encontrar la voluntad de Dios para nuestro tiempo, con la mirada en Su gloria y en el bien de nuestro prójimo. Por eso es crucial que los líderes planifiquemos y seamos organizados y disciplinados. Aunque no podemos esperar que todo salga exactamente como lo deseamos, trabajamos haciendo nuestro mejor esfuerzo, firmes y flexibles al mismo tiempo.

Al su vez, en nuestra planificación, no caigamos en el error de pretender fijar el estándar de perfección, ni para los jóvenes ni para nosotros. Me gusta pensar que puedo ser ejemplo incluso en mis fallas. Como líder he cometido muchos errores, y reconocerlos delante de otros no es debilidad, sino un esfuerzo por cultivar la integridad. Reconocer las fallas en mi liderazgo y pedir perdón muestra que, gracias a Dios, busco ser más como Cristo y que ellos también pueden hacerlo. Como líder, siempre seré imperfecto. Por eso apunto al Único que nunca nos va a fallar.

Uno de mis errores como líder era esperar que los jóvenes tuvieran la misma devoción que yo. Llegué a presionar para que tuvieran el mismo llamado de servicio. Los hacía sentir culpables si no leían la Biblia todos los días y también cuando tomaban decisiones sin oración constante o pedir el consejo de otros. Estaba estableciendo un estándar que se debía cumplir. Sin embargo, aunque debemos ser disciplinados en procurar que los jóvenes estén bien encaminados, debemos empezar desde donde ellos están, en sus historias y a su ritmo. Es preciso observar con atención qué es lo que Dios está haciendo en sus vidas y partir desde ahí.

Evitando el peligro de fijar estándares para los demás, hagamos ajustes a nuestras vidas y formemos disciplina para nuestro tiempo devocional, la preparación ordenada para nuestros estudios e incluso para pasar tiempo con nuestra familia en diversión. Revisa tu calendario (si no lo usas, tienes que empezar): ¿cuántas actividades tienes? ¿Con cuánto espacio cuentas para tu crecimiento personal y para tu familia? Haz un «presupuesto» para tu tiempo. Cada día tiene veinticuatro horas. ¿Cómo las estás invirtiendo y en qué? ¿Cuánto tiempo es de formación personal a la semana? ¿Cuánto de descanso, de vida en comunidad, de reuniones, de familia, de trabajo y de misión?

Por supuesto, el calendario no lucirá idéntico para todos... que todos procuremos una vida organizada no significa que nuestras vidas serán iguales. Simplemente hemos de buscar formar, tanto en nosotros como en los jóvenes, un carácter que busca tener sus prioridades en orden conforme a los principios divinos.

Los jóvenes necesitan mirar en quién se pueden convertir. Esto no tiene que ver con profesiones, sino con modelos de vida que conectan con ellos, vidas que se muestran firmes en la Palabra y a la vez vulnerables, al ser restauradas y sanadas por la misma Palabra. Esto creará una cultura de conexión real en el ministerio a los jóvenes, en la que el acompañamiento lado a lado evidencia una interdependencia que brinda confianza y derriba las inseguridades que puedan tener los jóvenes al conectar con líderes en una relación de discipulado.

Así levantaremos jóvenes de manera integral para que Cristo siga siendo formado en ellos y caminen con sus prioridades en orden. De hecho, también podremos tener ministerios con orden en su planificación práctica, menos reactivos y más proactivos en el servicio a los jóvenes, y tener esto no como producto del legalismo, sino de lo que Dios está haciendo en nuestras propias vidas.

La labor de formar a otros empieza cuando uno mismo está siendo formado. No somos un modelo perfecto de vidas ordenadas, y nunca lo seremos hasta que Cristo vuelva, pero aún así, diremos como Pablo: «Sean imitadores de mí, como también yo lo soy de Cristo» (1 Cor. 11:1).

Preguntas para discusión

- ¿Cómo describirías la importancia de tener vidas ordenadas para enseñar a los jóvenes a amar a Dios en cada área de sus vidas?

- ¿Cuáles son algunas áreas de tu vida personal y liderazgo que necesitan mayor orden y por qué?

- ¿Qué pasos prácticos puedes dar a partir de ahora para buscar tener tus prioridades con mayor orden como creyente y líder?

CAPÍTULO 6
UN LÍDER PRONTO PARA ESCUCHAR

Por Jairo Namnún

Y volviéndose hacia la mujer, le dijo a Simón:

«¿Ves esta mujer?»...

(Luc. 7:44)

Me tocaba hablar a los padres de los adolescentes de una institución educativa. No recuerdo el número exacto, pero había más de cien padres reunidos allí. No tenía mucho tiempo más que esa hora para servirles. La mayoría no conocía a Cristo. Todos necesitaban (todos necesitamos) ayuda para una tarea tan difícil. Así que, en oración, les mostré un video musical de rock latino, una presentación de Lady Gaga y les leí las letras de un reggaetón.

No dejes de leer, por favor. Permíteme explicarte.

Tenía la impresión, que quedó confirmada, de que la mayoría de ellos no tenían idea de lo que consumían sus hijos. Así que investigué (en Internet y hablando con los mismos adolescentes) cuáles eran las canciones más populares entre ellos. Los padres salieron apercibidos de cuán distinto a lo que ellos conocían era el contenido que sus hijos disfrutaban cotidianamente. Al parecer, solo unos pocos sabían cuán diferente era la atmósfera de la generación anterior y la actual.

Nosotros, que debemos servir verdades eternas a generaciones cambiantes, necesitamos tener una buena idea de quiénes son aquellos a quienes queremos servir, o de lo contrario nos encontraremos dando vueltas sin ningún plan de entrada ante las fortalezas mentales y espirituales que nos enfrentamos. Dicho de otra manera, si quieres servir a los jóvenes, tienes que saber quiénes son los jóvenes. Y para saber quiénes son, tienes que escucharlos.

Preguntas inútiles

Permíteme contarte sobre un problema común a tu alrededor. Lo más probable es que ya lo hayas percibido, aunque tal vez no puedas precisar exactamente qué pasa. Digo a tu alrededor, porque el hecho de que este libro llegue a tus manos dice que tienes cristianos cerca de ti, probablemente cristianos maduros, que tienen tiempo caminando con Cristo y conocen mucho de la Biblia, y este ambiente es totalmente diferente al de unas 7500 millones de personas.

No es que no haya millones de cristianos (¡gracias a Dios, los hay!). Pero a algunos de nosotros se nos olvida cómo eran las cosas cuando no éramos cristianos. Por lo menos, sé que a mí se me olvida. Cuando se nos olvida, corremos el riesgo de hacer alguna versión de esta pregunta a los jóvenes: «¿Ustedes se preguntarán…?», y no entendemos que, en realidad, nadie se pregunta eso.

¿Puedes ver el problema? Al pasar mucho tiempo entre creyentes maduros, las inquietudes de aquellos que no son como nosotros, de los que están en otro ambiente, bien podrían ser las inquietudes de un alienígena. Simplemente no estamos hablando el mismo idioma.

Esta diferencia de ambiente, de atmósfera, entre cristianos maduros y la mayoría de las personas, es algo a lo que todo pastor o maestro de la Biblia debe prestar atención, porque de lo contrario podemos ser inefectivos en nuestra enseñanza, o al menos no tan efectivos como podríamos ser. Pero no es mi propósito convencerte de la necesidad de habitar en la atmósfera de los que no tienen a Cristo; cada creyente tratará de cumplir la Gran Comisión como pueda, de la mano de una iglesia que predique el evangelio y haga discípulos.

Lo que sí quiero recordarte (solo recordarte, sé que lo sabes) es que la generación que te sigue es diferente a la tuya. Siempre ha sido así, desde los tiempos bíblicos. Una generación de egipcios amaba a los israelitas; una posterior los tenía de esclavos (Ex. 1:8-9). Al principio de la iglesia, los temas de la circuncisión y los judaizantes eran primordiales; las cartas más tardías ni los mencionan. El tiempo pasa, los años vienen, las cosas cambian.

Siempre nos toca vivir en el intervalo. La generación anterior traspasa las verdades eternas a la próxima generación (Sal. 145:4). Pero entre estas generaciones hay «diferencias atmosféricas»: siempre las hay, y en este momento, las atmósferas son tan diferentes como la tierra y la luna.

Diferencias atmosféricas

No puedo afirmar que la generación *zoomer* es la generación más diferente a la anterior de toda la historia. Además, ya veremos qué nos traerá la generación *alpha*, nacidos desde mediados de la década de 2010, porque si los *zoomers* tuvieron que crecer con las redes sociales, ¿con qué crecerán los *alpha*?

Sin embargo, sí puedo afirmar que, a pesar de usar computadoras desde los cuatro años, tener casi veinte años sirviendo con jóvenes, y de tener un gran interés puesto por Dios por amarlos, todavía no entiendo TikTok. Cada vez que me topo con una *influencer* en Instagram con millones de seguidores y cuya única característica especial parece ser que es una *influencer*, me siento tentado a preguntar: «¡¿Qué le pasa a estos muchachos?!». Y sí, yo también me he topado con los *reels* de un joven que dice que sus pronombres son payaso/payasomismo. (Quiera Dios sea solo una broma, pero revistas como el *New York Times* y la Sociedad Americana de Psicología en Estados Unidos están promoviendo esto de los neopronombres).

El ambiente en el que viven los *zoomers* es cuantitativa y cualitativamente diferente al mío. Es por eso que muchas de nuestras preguntas no les son tan útiles. *¿Qué vamos a hacer con estas diferencias?*

Hablar o escuchar

Aquí es donde las cosas se ponen interesantes. Los *zoomers* pueden ser la generación actual… pero apenas están entrando al mundo laboral. Los que están en el límite superior de la Generación Z recién están saliendo de la universidad, y a excepción de algunos (¿cientos?) de *youtubers*, la mayoría de ellos no tienen acceso a los recursos ni a la influencia que tenemos los *millennials* (nuestra generación) y que posee la generación X (la generación anterior), y todos nosotros a la vez recibimos lo que cayó de la mesa de los *boomers*. Eso significa que los *zoomers* nos necesitan, o que al menos nosotros estamos, como norma, en una relación de mayor poder y autoridad en comparación con ellos.

Los Gen X en sus cuarentas y cincuentas son los padres, profesores y proveedores de los *zoomers*; los *millennials* somos vistos como tíos o hermanos mayores; aunque cada vez más también somos sus jefes, pastores y líderes. Estamos en una posición de autoridad, lo que nos capacita y nos compele a poder vivir el evangelio en nuestro servicio de una manera práctica.

Verás, la autoridad y el poder nos permiten algo único: rendirnos al servicio de los demás. Si eres de una generación mayor, eso te permite ser tratado con mayor respeto y te da acceso a mayores riquezas que una generación en ascenso. Eso es poder y autoridad. Y con un gran poder viene una gran tentación: utilizar ese poder para que otros nos sirvan. Las espadas son pesadas en la mano, y se siente bastante bien blandirlas. Así, y sin darnos cuenta, somos rápidos en la iglesia para blandir la espada de la autoridad, del poder y de la edad, hacia una generación más joven.

Esa es una acusación fuerte. Déjame explicarla, no sin antes decir que yo también soy tentado de la misma manera. Cuando te encuentras con «las locuras de los muchachos», ¿acaso la tendencia no es a pensar que «esta generación de ahora está loca»? Cuando pensamos en qué programas tenemos en la iglesia, y en el formato de nuestros servicios dominicales, y cómo muchos jóvenes no conectan con esto, ¿no somos prontos para pensar que el problema es que los jóvenes no entienden bien? Si alguien se atreve a mencionar que tal vez podríamos hacer los sermones más cortos o utilizar algún tipo de medio audiovisual, ¿no tendemos a pensar que esta generación es peor que la anterior? Si somos sinceros, parece que pensamos que los jóvenes son un problema.

Tal vez este es el momento para decirte que todo lo que hacemos como iglesia, y como pastores y líderes, debe ser filtrado y conformado a lo que enseña la Biblia y apuntar al evangelio de Cristo. Lo que quiero ayudarnos a ver es que nosotros, que tenemos voz, somos muy prontos para usarla. Pero también tenemos oídos. ¿Somos prontos para usarlos también? En particular, ¿somos rápidos para escuchar las inquietudes, las dudas, los problemas de una generación que vive en otra atmósfera pero que está tan necesitada del evangelio como nosotros?

Si les pedimos a los jóvenes que se acerquen a nosotros de la manera que nos funciona a nosotros, estamos pidiéndoles a *ellos* que nos sirvan a *nosotros*. Y si tenemos más poder que ellos (y lo tenemos), entonces en la práctica estamos actuando contrario al evangelio, que nos enseña en Cristo que «no ha de ser así entre ustedes, sino que el que entre ustedes quiera llegar a ser grande, será su servidor» (Mat. 20:26). Dicho de otra manera, si queremos servir a los jóvenes, tenemos que hacer el esfuerzo de ver a esos jóvenes.

¿Ves a este joven?

El pasaje que encabeza este capítulo es impresionante. En Lucas 7, sorpresa de sorpresas, un fariseo llamado Simón invita a Jesús a comer a su casa. A lo largo de los Evangelios, los fariseos representan una amenaza para Jesús, así que el hecho de que Simón invitara al Maestro a comer es algo poco común. Al entrar a la ciudad, una mujer pecadora entra también a la casa, derrama un perfume de alabastro, y se desata una escena dramática donde esta mujer prorrumpe en llanto, riega los pies de Jesús con sus lágrimas y besos, y los seca con sus cabellos (vv. 37-38).

El fariseo, en su alta posición religiosa, se incomoda. Yo creo que también me incomodaría, si fuera mi casa. Pero él va un paso más allá, porque Lucas dice que puso en duda a la persona de Jesús: «Al ver esto el fariseo que lo había invitado, dijo para sí: "Si Este fuera un profeta, sabría quién y qué clase de mujer es la que lo está tocando, que es una pecadora"» (v. 39).

No te pierdas lo que está pasando aquí: el fariseo está molesto porque entró una pecadora a su casa y porque está tocando a Jesús. Su reacción no es preguntar, no es escuchar, no es regocijarse por esta pecadora que ha entrado a la casa de la religión y está buscando un camino diferente. Su reacción es poner en duda a Jesús. El Maestro le responde como solo Él sabe:

> Y Jesús le dijo: «Simón, tengo algo que decirte». «Di, Maestro», le contestó. «Cierto prestamista tenía dos deudores; uno le debía 500 denarios, y el otro cincuenta; y no teniendo ellos con qué pagar, perdonó generosamente a los dos. ¿Cuál de ellos, entonces, lo amará más?».
>
> «Supongo que aquel a quien le perdonó más», respondió Simón. Y Jesús le dijo: «Has juzgado correctamente». (vv. 40-43)

En otras palabras: *Nadie dice que no es pecadora, Simón. La pregunta es: ¿qué está haciendo ella con su pecado? ¿A quién acude?* Entonces, Jesús lanza esta bomba: «Y volviéndose hacia la mujer, le dijo a Simón: "¿Ves esta mujer?..."» (v. 44), y de inmediato corrige a Simón por su falta de fe y deshonra al Maestro.

Ahora, antes de corregirlo, antes de continuar con su enseñanza, antes de mostrarle dónde está errado, ¿viste lo que le preguntó? «Simón: ¿Ves esta mujer?». Puede que Simón haya sido un excelente cuidador de reglas y cumplidor de hazañas, pero él tenía un problema enorme de miopía o astigmatismo. O peor: su problema era de ceguera voluntaria. Simón decidió no ver a una mujer: él vio a una pecadora que ensuciaba su casa con sus lágrimas y su adoración. Vio a un falso profeta, que no podía ser verdadero porque no notaba la chusma que tenía cerca. Decidió robarle su humanidad a la mujer que tenía delante, y en eso, deshonrar al Rey de reyes y Señor de señores que tenía como invitado.

Y entonces, te pregunto: ¿*Ves ese joven?* También me pregunto lo mismo.

Cuando estuve en aquella reunión con los padres, no podía apoyar los pecados que aprobaban estos adolescentes. Tengo preocupaciones reales sobre el consumo mediático de la juventud. Los *zoomers* muestran una irresponsabilidad y liviandad hacia la vida que pareciera ser un egoísmo patológico, y ni hablar de los problemas de la cosmovisión que han creído y promueven. Todo joven al que sirvamos vendrá con problemas, falencias, pecados, y nos va a incomodar la casa, con sus lágrimas o con adoración fuera de lo tradicional. Y con preguntas... muchas preguntas.

Pero lo que nos atañe es *ver a los jóvenes*, a cada joven; no sus problemas, sus falencias, sus pecados. Hasta que no lo hagamos, perderemos de vista el punto principal, que Jesús no vino a salvar a justos, sino a pecadores (Luc. 5:32).

¿Estamos dispuestos a devolverles la humanidad a los jóvenes al escucharlos, al verlos, al reconocerlos como hombres y mujeres (y niños y niñas) creados a imagen de Dios? ¿Que tienen el mismo valor que nosotros? ¿Que lo más especial que tenemos, ellos también lo tienen? Si están en Cristo, ¿estamos dispuestos a escuchar al Espíritu que mora en ellos al igual que en nosotros? Si no están en Cristo, ¿estamos dispuestos a escuchar sus inquietudes reales, con tal de apuntarles a la única solución verdadera?

Para poder escuchar

Si es cierto que hay diferencias atmosféricas entre los jóvenes y nosotros, y si es cierto que para poder servirlos correctamente necesitamos conocerlos, entonces, ¿qué podemos y qué no podemos hacer? Porque no podemos tener una iglesia que está siendo dirigida y apuntada solo a los jóvenes, o permitir que lo que los jóvenes sienten que necesitan sea nuestro menú principal. Así que, en lo que resta de este capítulo, permíteme apuntarte a qué podemos hacer para escuchar, que debemos evitar, y algunas consideraciones finales.

Lo que podemos hacer: Prestar atención

Uno de los teólogos más importantes del siglo pasado, Karl Barth, tenía esta frase que resume bien este punto: «Toma la Biblia y toma el periódico, y léelos los dos. Pero interpreta el periódico con la Biblia». Necesitamos conocer los tiempos, no sin antes conocer el Libro eterno.

Claro, los jóvenes no leen el periódico, pero igual podemos prestar atención a la atmósfera en la que viven y de donde reciben su información. YouTube es, actualmente, el medio más utilizado por la juventud y es uno que compartimos la mayoría de nosotros. No requiere mucho esfuerzo ver quiénes son los *youtubers* populares (¡aun cristianos!) y ver qué enseñan. IMDB y Letterboxd tienen listas de las películas y series más vistas, que nos permiten conocer los principales puntos de influencia. Tal vez no queramos tener TikTok o Instagram, y creo que hay sabiduría en eso, pero es útil tener una idea de qué está pasando allí.

Ahora bien, debemos evaluar a través de la Escritura todo lo que vemos allí. Por tanto, leemos su periódico con ojo crítico. Esto es más difícil de lo que parece. Requiere caminar cerca del Señor y prestar mucha atención a nuestra vida y doctrina, para no solo ver para juzgar o quedarnos sin ver correctamente.

Lo que debemos hacer: escuchar atentamente

Puede ser útil tener un perfil en Instagram o conocer de YouTube, pero el ministerio real es el ministerio personal. La labor pastoral, con jóvenes o con ancianos, requiere del ministerio de la encarnación. En tal sentido, nuestro principal llamado es a estar con los jóvenes, escucharlos de verdad. Prestar atención a sus preguntas, estar dispuesto a responder sus cuestionamientos (o reconocer que no tenemos respuesta). Es decir, ceder nuestra autoridad y descender hacia donde ellos están, en vez de pedirles que suban donde estamos nosotros.

Por muchos años, mientras mi esposa y yo fuimos líderes de adolescentes, sin importar qué hubiera ocurrido el sábado o si estaba exhausto de enseñar, salíamos con al menos una docena de muchachos a cenar luego de la reunión de jóvenes. Allí se daban conversaciones improvisadas que formaron nexos que aun hoy, quince años más tarde, siguen fuertes. Otra práctica común que aprendí de quien fue mi pastor de jóvenes fue que siempre que me invitaban a enseñar a algún lugar en mi país, me llevaba al menos un joven conmigo. Eso hacía el viaje un poco más «incómodo» (particularmente para mí, que disfruto de estar solo), pero era un tiempo de valiosa utilidad para el joven, y me servía para aprender de él también.

Por último, no solo vayamos a Internet para conocer qué piensan los jóvenes. ¿Qué tal si les preguntas a tus muchachos a quiénes están escuchando? ¿Cuáles son sus películas favoritas? ¿A quiénes siguen en Instagram? No me refiero solo a dinámicas, sino a preguntas reales, con tal de compartir vidas. (También te va a tocar decir tus respuestas a estas preguntas, ¡y eso es bueno! Estás cediendo el poder por servicio a los demás, como enseña el evangelio).

Lo que debemos evitar: fingir escuchar

La generación actual valora la sinceridad casi por encima de cualquier otra cosa. Así que, cuando hablo de escuchar, me refiero a *verdaderamente* escuchar: no esperar tu momento para hablar, y mucho menos que quieras cambiar el mensaje solo porque crees que es lo que los jóvenes quieren escuchar.

Si he comunicado que es necesario que cambies tu manera de vestir, o que empieces a escuchar rock latino, Lady Gaga o reggaetón, perdóname, porque esa no es mi intención. Estas cosas te harán más daño que bien. Y si de alguna manera estás entendiendo que hay que cambiar el mensaje eterno para que lo escuchen las generaciones cambiantes, te pediría que por favor revises los capítulos anteriores.

No hay necesidad de cambiar externamente. Estamos hablando de escuchar, de ver a nuestros jóvenes, de prestar atención a las diferencias y escuchar sus inquietudes e inseguridades. Pero no vamos a cambiar las respuestas que tenemos para ellos. Más bien, buscamos responder las preguntas correctas. Eso no requiere un cambio de atuendo: más bien, requiere que el Espíritu Santo apunte al Calvario.

Lo que no podemos evitar

El problema principal de Simón el fariseo es que no quería doblegarse ante el Mesías. En su orgullo, no se consideraba con necesidad de perdón. Por eso vio en la mujer pecadora una excusa perfecta para descartar a Jesús. ¿Qué tipo de profeta permitiría ser tocado por pecadores?

Amado hermano, ¡Jesús es ese profeta! Él no solo permitió ser tocado por pecadores, ¡vino a tocar pecadores y esto es algo que nadie puede evitar! Vino para perdonar y transformar a fariseos y pecadores, jóvenes y viejos. Ese mensaje vale la pena comunicárselo a todo hombre y a toda generación. En la medida que escuchamos a nuestros jóvenes, apuntemos a Aquel que vino y nos vio como somos verdaderamente. Él es rápido para escuchar a todos aquellos que invoquen Su nombre.

Preguntas para discusión

- ¿Por qué a menudo se nos hace difícil tener la disposición para escuchar a los jóvenes para conocerlos y servirlos mejor?
- ¿Cómo el ejemplo de Cristo en este sentido resulta tan iluminador y edificante para nosotros como líderes de jóvenes?
- ¿Qué pasos prácticos podemos dar para escuchar mejor a las nuevas generaciones a fin de servirlas e impactarlas con el evangelio?

CAPÍTULO 7

UN LÍDER DISPUESTO A IMPACTAR LA CULTURA

Por Matías Peletay

... sino santifiquen a Cristo como Señor en sus corazones,
estando siempre preparados para presentar defensa
ante todo el que les demande razón de la esperanza
que hay en ustedes...
(1 Ped. 3:15)

«¡Hay que impactar la cultura para Cristo!». Esta es una meta sincera para cualquier líder juvenil. Sin embargo, en mi experiencia con adolescentes y jóvenes, he aprendido que «impactar la cultura» puede ser un objetivo *demasiado* ambiguo y que nos lleve a permitir cualquier práctica ministerial a fin de ser «relevantes».

Cuando leemos en la Biblia la historia de Jesús y los primeros creyentes, es innegable el impacto cultural que tuvieron en su contexto. Todo creyente estaría de acuerdo en que el evangelio tiene un efecto transformador, incluso en la cultura. Pero ¿cómo lograr esto en el ministerio juvenil sin caer en ambigüedades?

Quiero desarrollar una respuesta a esta pregunta en tres partes: en primer lugar, debemos acercarnos a la cultura juvenil con una actitud genuina para comprenderla, partiendo de lo que leíste en el capítulo anterior. Luego, debemos afirmar y confrontar la cultura con el evangelio.[1] Por último, debemos capacitar a los jóvenes para que puedan replicar esta propuesta de *comprender*, *afirmar* y *confrontar* la cultura en la que viven. Pero antes... debemos reflexionar en qué es la cultura.

¿Cómo entender la cultura?

Sería pretencioso querer zanjar algo tan complejo en pocos párrafos (la cultura es un concepto disputado en diversos ámbitos académicos), pero será bueno sentar una comprensión mínima sobre qué es la cultura. En especial, porque la mayoría de las veces partimos de conceptos de «cultura» reduccionistas que terminan por ser inútiles. La aproximación que quiero compartir contigo necesita que primero hablemos de dos maneras comunes, pero insuficientes, de comprender la cultura.

La cultura no es las conductas visibles

La perspectiva más común es pensar en la cultura como el conjunto de conductas y rasgos materiales de un grupo, lo cual termina siendo un concepto insuficiente porque se queda en un nivel muy superficial.

¿Cómo se expresa esta perspectiva? Cuando nos dedicamos a recopilar e imitar rasgos y conductas, creyendo que así tenemos algún tipo de impacto cultural significativo. Por ejemplo, ¿quién no ha visto a líderes de jóvenes haciéndose

---

1. Aunque existen diferencias, esta propuesta tiene una deuda con lo propuesto por Timothy Keller en el capítulo «Predicar a Cristo a la cultura», en *La predicación: Compartir la fe en tiempos de escepticismo* (Nashville, TN: B&H Publishing Group, 2017).

pasar por jóvenes imitando las apariencias, cortes de cabello o vestimenta? ¿O que intentan copiar el vocabulario, de una manera forzada? Cuando pensamos en la cultura de esta manera, tarde o temprano empezaremos a jugar a los antropólogos.

La realidad es que nos vemos ridículos y para nada genuinos haciendo estas cosas (y los jóvenes lo notan tarde o temprano). Como si a fuerza de apariencias pudiéramos ser aceptados por los jóvenes, o como si un corte de cabello pudiese crear un vínculo de confianza. Es cierto que muchas veces no llegamos a imitar todas esas conductas juveniles, pero en nuestras mentes sí pensamos en estos términos. «Si pudiera ser más *cool*, sería un mejor líder para ellos».

No creo que la frase de Pablo de hacerse judío a los judíos (1 Cor. 9:20-23) tenga que ver con jugar al espía encubierto que se confunde entre la gente. Más bien, se refiere a eliminar los obstáculos innecesarios que pueden interferir en la predicación del evangelio.[1] Tampoco creo que los líderes que buscan impactar la cultura de forma efectiva deban mimetizarse con ella.

El ministerio juvenil adoptó por lo general esta perspectiva superficial sobre la cultura durante un buen tiempo. Tal vez no tanto en la apariencia de los líderes, aunque sí en la apariencia de las reuniones y del ministerio en general. Entonces, la manera de impactar la cultura era algo así como «parecerse al mundo», tener una banda que suene como las que aparecían en MTV y realizar eventos como los que hacían otras organizaciones. Con esto no quiero decir que tener una banda

---

1. Para una explicación más extensa, consultar Timothy Keller, «Contextualización bíblica», en *Iglesia centrada: Cómo ejercer un ministro equilibrado y centrado en el evangelio en la ciudad* (Nashville, TN: Editorial Vida, 2012).

de música con llegada al público masivo o realizar festivales juveniles sea pecaminoso. Lo que digo es que seríamos ingenuos en pensar que estas cosas, por sí solas, podrían causar el impacto cultural que deseamos.

Con nuestro ministerio juvenil, solíamos participar en la organización de un torneo de fútbol «relámpago» entre grupos juveniles, de esos que duran un día completo. Vale reconocer que la mitad de los jóvenes que asistían al evento eran cristianos, aunque dentro del campo de juego no lo parecían. Pero además, evangelizar en ese contexto de competencia, furia y cansancio era francamente imposible. En vez de darles a los jóvenes la oportunidad de conocer a Jesús, les dimos la oportunidad de hacer trampa y escenas escandalosas. Todos los presentes tenían una sola cosa en mente: ganar la copa, no importaba cómo. Si perdían, se iban enojados; si ganaban, no dejaban de pensar en el próximo partido que debían jugar. Hubo un año en que la final terminó en escándalo, con la policía interviniendo para evitar disturbios.

Estos torneos siempre fueron agotadores, pero seguíamos haciéndolos año tras año. Luego de aquella fatídica final, la frustración era innegable. Debíamos decidir si queríamos seguir con esto otro año más. Con tristeza, el líder principal del ministerio en esos años reconoció que no podía nombrar ni un solo chico o chica que hubiera llegado a la iglesia gracias a esos eventos deportivos. La decisión estaba cantada.

Organizar un torneo de fútbol para atraer jóvenes, solo porque es una parte de nuestra cultura que atrae a mucha gente (¡en especial, si vives en Argentina como yo!), no tiene razón suficiente. Tal vez nos parecía que teníamos algún tipo de impacto, pero para los jóvenes solo éramos otro campeonato más.

La cultura no es los conceptos ocultos

Por otro lado, también es usual entender la cultura como un concepto o una «receta de conductas» en la cabeza de las personas. La cultura sería una especie de mapa o protocolo escrito en lo profundo de las mentes de los jóvenes, que determina sus conducta, gustos y valores. Esta perspectiva muy conceptualizada nos hace creer que con unas reflexiones en el aire ya podemos entender ese «código fuente» compartido por todos los jóvenes de tal ciudad o clase social. Entonces nos convertimos en acróbatas mentales, jugando a ser sociólogos y críticos culturales.

Por ejemplo, si estamos convencidos de que los jóvenes hacen todo lo que hacen para llamar la atención, de repente esta concepción (por más acertada que sea, hasta cierto punto) se vuelve la explicación definitiva para todo: la vestimenta, las conductas, hasta los episodios de tristeza que sufren; todo queda reducido a un mecanismo para llamar la atención. Podríamos sumar algunos conceptos más, pero al final, toda la cultura juvenil se resume en un puñado de ideas de las que nos hemos autoconvencido y con las cuales pretendemos explicarlo todo.

¿Cuál es el efecto de esto? Nos convierte en líderes para quienes carece de valor lo que los jóvenes tengan que decir, porque sus expresiones son apenas muestras de este gran concepto oculto que nuestra cabeza logró descifrar. Además, esta perspectiva alimenta una actitud de menosprecio hacia las expresiones particulares de la cultura. Esto afecta nuestro acercamiento a los jóvenes y con la cultura en general. Los jóvenes empiezan a sentir que no son escuchados y finalmente la relación líder-grupo se vuelve distante, o a veces, incluso conflictiva.

Aunque sea válido pensar a la cultura como un «código de referencias» para las personas, la realidad es que cada individuo y cada grupo adapta ese código según su propia personalidad.

La cultura como el sentido de las conductas y los conceptos

Si buscas cualquier definición sobre la cultura, verás que casi siempre se inclinan por uno u otro aspecto. En el mejor de los casos, intentarán incluir ambos, diciendo que la cultura es todo lo material e inmaterial que identifica a un grupo o sociedad. No pretendo decir que la cultura no es nada de eso. Pero la clave no está en sus partes, sino en las relaciones que cada parte tiene entre sí y con el todo. Lo fundamental es el sentido y el significado que cada parte tiene para los individuos y el grupo.

En otras palabras, lo que trato de decir es que *lo importante sobre las conductas o los conceptos de una cultura es lo que significan para personas específicas.* No es que las cosas y los conceptos tengan sentido en sí mismas, sino que lo que importa es el significado que un grupo le otorga a las cosas. Esa es la cultura: no tanto las conductas, no tanto los posibles conceptos o las grandes cosmovisiones, sino la relación de sentido que tales conductas y conceptos tienen entre sí, y lo que significan para las personas en la vida diaria.

Tal vez un ejemplo sencillo pueda ayudar. ¿Has visto a dos jóvenes haciendo un saludo de manos particular entre ellos? Es un signo de amistad. Si otro amigo quisiera imitarlo, sería bien recibido. Pero si un joven ajeno quisiera hacerlo, sería tomado como una burla. Si el líder quisiera imitarlos para forzar un vínculo, es probable que cause risa.

Pero si lo hace para demostrar que los observa y le gustó el gesto, puede causar una buena impresión. Sin caer en el relativismo, es obvio que el sentido del saludo de manos no está en el gesto en sí, pero tampoco en un concepto rígido subyacente al saludo. El sentido está en la relación entre el gesto, su concepto y la intención de quienes participan. Sí, la cultura es compleja.

Ahora bien, ¿cómo nos ayuda de manera práctica esta definición de cultura? Bueno, nos ayuda a estar dispuestos a comprender el sentido y el significado que para los jóvenes tiene hablar de tal forma, usar ciertas redes sociales y no otras, participar de ciertos eventos o actividades, valorar ciertos objetivos de vida, etc. Así podemos ir más allá de lo superficial de las conductas y expresiones materiales, pero sin divagar en nuestros preconceptos, para tratar de comprender la cultura tal y como se presenta, con sus contradicciones y sinsentidos, con sus explicaciones y dudas. Dejamos de verla como una gran estructura rígida y acabada, capaz de explicarlo todo, y empezamos a entenderla como un «texto infinito de significados» que incluye tachones y borrones, y que aún se sigue escribiendo.[1] Las culturas muertas están detrás de las vitrinas del museo, pero en la vida real, la cultura está viva.

Con todo esto, hemos establecido una aproximación a la cultura como un conjunto de sentidos y significados interrelacionados que necesitamos comprender. Lo que debemos hacer entonces es conectar de una manera genuina con ella y con las personas que la practican. ¿Cómo lo hacemos?

---

1. Esta perspectiva semiótica de la cultura está mejor explicada en su texto fundacional: Clifford Geertz, «Descripción densa: hacia una teoría interpretativa de la cultura», en *La interpretación de las culturas* (Barcelona, España: Editorial Gedisa, 1987).

Comprendamos la cultura

En mi experiencia, tuve que aprender que, más allá de técnicas para ganar la confianza de los jóvenes, lo más importante es tener una disposición a conocerlos y comprenderlos. Sean creyentes o no, debemos tener la sensibilidad de acercarnos a ellos con el deseo de entender quiénes son, qué piensan, qué creen y por qué.

En este sentido, no hay mejor «estrategia» que imitar el corazón de nuestro Señor Jesús, como leíste con más detalle en el capítulo anterior. Él invitaba a las personas a acercarse y dejar sus cargas sobre Él. Esa es la disposición que debe tener un líder si quiere alcanzar e impactar la cultura juvenil. De hecho, los jóvenes notan cuando un adulto se les acerca con la intención de conocerlos. Ellos ya se sienten menospreciados en otros ámbitos, tal vez hasta en sus hogares. Si perciben que los estamos menospreciando, ¿qué les estamos ofreciendo que sea diferente?

La clave para comprender y conectar con la cultura juvenil es brindar confianza y demostrar una actitud de mansedumbre; y no la capacidad que tengamos de mimetizarnos o de copiar sus códigos y expresiones. Parecernos a las personas que lideramos es el resultado de pasar tiempo de calidad con ellas, no la estrategia, ni mucho menos el «requisito» para ser líder juvenil y lograr un impacto. Por supuesto, cualquier líder quiere ser bien recibido e integrado por el grupo de jóvenes al que intenta alcanzar. Pero la razón no debe ser que nuestra identidad como líderes dependa de sentirnos aceptados, sino comprender mejor a los jóvenes y su cultura, y de esa manera poder servirlos mejor.

He podido comprobar que cuando nos acercamos con una actitud humilde y con la intención de comprenderlos, ellos mismos nos hacen parte del grupo y su cultura. Ellos nos explican los chistes, las expresiones y los códigos. Es allí cuando lograste entrar en su confianza, cuando ellos están dispuestos a explicarte su propia cultura porque quieren hacerte parte. No necesitas vestirte como ellos para «engañarlos», como lo haría un agente encubierto. Tal vez lo mejor sea que se sigan riendo de tus pantalones pasados de moda, tu música vieja y tus chistes malos. Es bueno que sigas siendo el adulto del grupo. Pero si te explican sus códigos y su cultura (o subcultura, mejor dicho), entonces quieren integrarte.

Cuando te abren la puerta así es porque demostraste una actitud comprensiva y humilde. Desde allí podrás seguir comprendiendo y conectando mejor con su cultura y, a través de ellos, entender la cultura general de los jóvenes en tu ciudad o donde sea que estés ministrando. Tu grupo juvenil será la «muestra» poblacional que te permitirá entender un poco más de la cultura en la que ellos viven día a día.

Por eso debemos estar convencidos del tremendo impacto cultural que tiene una vida transformada por la gracia de Dios. Cultivar las virtudes cristianas, crecer en el fruto del Espíritu y mostrar a Cristo con nuestra vida es fundamental para impactar la cultura que nos rodea y traer gloria a Dios. Piensa en Jesús y en cómo conectaba con pecadores marginados. Ahora imagina lo que un grupo de personas que reflejan a Cristo y están llenas del Espíritu Santo puede llegar a provocar en la cultura que las rodea. ¡Bah! Ni siquiera hace falta que te lo imagines; solo lee el libro de Hechos.

Comprender sin legitimar el pecado

Ahora, en esto de acercarnos con un corazón comprensivo para conectar con la cultura existe, al menos, un peligro sobre el cual muchos han advertido: nuestro acercamiento comprensivo podría estar legitimando aspectos pecaminosos de la cultura. Muchos temen esto, y con buena razón.

Por ejemplo, pensemos en el noviazgo adolescente. Desde luego, queremos advertirles a los jóvenes que no es para nada recomendable, a pesar de que para algunas personas haya salido bien. Pero ¿qué harías si un sábado tienes la visita de una parejita nueva? ¿O si, de repente, dos chicos del grupo llegan de la mano sin que nadie haya sospechado nada antes? ¿Los echamos de la reunión? Creo que ningún líder llegaría a ese punto delante de los demás. Pero ¿cómo interactuamos con ellos sin legitimar una conducta que nunca alentaríamos? No es una cuestión fácil; necesitamos pedirle a Dios que podamos tener tacto. Necesitamos el tipo de sensibilidad que se logra con un corazón humilde como el de Cristo, quien se acercó a la mujer samaritana en el pozo de Jacob y la confrontó con ternura y respeto (Juan 4).

Con el tiempo, tendremos que confrontar a los jóvenes que están dando pasos equivocados en sus vidas. Más adelante veremos más sobre la confrontación, pero hay una frase que escuché del pastor Paul Tripp que quedó grabada en mi mente: «La disciplina es mejor recibida cuando hay comunión». Para poder confrontar a los jóvenes de una manera transformadora, debemos cultivar en primer lugar una buena relación. Para que nuestra confrontación sea bien recibida, tiene que haber un vínculo de respeto, de confianza, de modo que los jóvenes sepan que en tus palabras duras hay un interés genuino por su bien eterno.

Afirmar y confrontar

Toda cultura, incluida la subcultura juvenil, tiene aspectos buenos y malos. La cultura es creada por seres humanos portadores de la imagen de Dios, pero que debido a la caída ha quedado corrompida. Por eso la humanidad es tan maravillosa y miserable a la vez, y la cultura que construye refleja esa ambivalencia.

Nuestra tarea comienza por acercarnos de una forma humilde y comprensiva, para entender cuáles son los aspectos buenos y malos de una cultura. A medida que comprendemos, deberíamos afirmar lo bueno y confrontar lo malo, siempre con el objetivo de apuntar a Cristo. Para lograr esto, podemos pensar en la forma en que Pablo lo hizo en el Areópago de Atenas (Hech. 17:16-34).

Cuando el apóstol llegó a la ciudad, llamó la atención de los locales con su enseñanza sobre Jesucristo. Entonces lo convocaron al Areópago, una especie de tribunal, para que explicara esto. Allí podemos ver su manera de tratar con personas sin un trasfondo similar al suyo. Pablo no cita la Escritura, sino que cita poetas y pensadores griegos con los cuales su audiencia se sentiría más familiarizada.

Es significativo que comienza resaltando la religiosidad de los atenienses, lo que será el punto de contacto con ellos, aunque Pablo sabe que aquella religiosidad es una idolatría condenable (Hech. 17:16). Pablo no elogió ni legitimó la idolatría de ellos, pero no comenzó condenando, sino aprovechando que la discusión religiosa gozaba de reverencia en la ciudad. Además, los atenienses reconocían hasta cierto punto su ignorancia y deseaban escuchar.[1] Esa fue la oportunidad

---

1. F. F. Bruce, *Hechos de los apóstoles: Introducción, comentarios y notas* (Buenos Aires, Argentina: Nueva creación, 1998), 395.

que Pablo identificó con sabiduría y desde la cual pudo exponer con claridad sobre el juicio divino, el arrepentimiento y la resurrección.

La afirmación con el evangelio

Tal como Pablo rescató rasgos culturales, como la poesía,. para apoyar su enseñanza sobre Dios, nosotros también podemos afirmar los aspectos «buenos» de una cultura y demostrar cómo apuntan a Cristo.

Por ejemplo, la actitud de compartir y ser generosos es bien valorada en la mayoría de las culturas. Lo he visto muchas veces en los jóvenes: suelen repartir los gastos, o pagan entre todos por aquella persona que no puede hacerlo. Resaltar y afirmar este tipo de conductas para enseñarles cómo Jesús se hizo pobre siendo rico, y cómo compartió Su herencia para hacernos coherederos, puede ser una forma útil de apuntar al evangelio, en especial cuando hay jóvenes no creyentes que se sorprenden de las buenas actitudes que existen entre los cristianos.

Podemos decir que esa actitud de compartir es un buen rasgo cultural, pero no podemos estar satisfechos con eso. No debemos conformarnos con que los jóvenes tengan buenas conductas o una cultura «sana». Queremos que la cultura no solo apunte a Cristo, sino que también sea transformada y moldeada por Cristo. Entonces trabajamos para que una buena conducta del grupo se arraigue en el evangelio, de modo que no la practiquen solo porque está bien valorada culturalmente, sino porque tal actitud ahora nace del evangelio que transformó sus vidas y está transformando su cultura.

La confrontación con el evangelio

Sin embargo, el trabajo es más arduo con respecto a los aspectos malos de la cultura; es la parte de la tarea que menos nos gusta. Los ministerios juveniles pueden acostumbrarse a nunca confrontar y preferir creer que están transformando la cultura con sus intervenciones urbanas de luces y pantallas. Queremos que la reunión de jóvenes tenga un ambiente cómodo y atractivo. Nos gusta pensar que de esta manera inofensiva causamos un gran impacto, vistiendo nuestras remeras impresas con frases cristianas bien pensadas y el nombre de nuestro ministerio. Con esos parámetros, tratamos de evitar la confrontación lo más que podamos.

Por supuesto, el buen ejemplo puede tener un gran impacto en la cultura que nos rodea, como acabo de argumentar. Ser luz significa que otros glorifiquen a nuestro Padre a causa de nuestras buenas obras (Mat. 5:16). Pero ser luz también incluye levantar la voz y reprender el pecado (Ef. 5:8-12). ¿Qué quiero decir con esto? Que las buenas acciones y la afirmación de la cultura no tendrán efectos transformadores si no van acompañadas de una confrontación clara y sincera.

Recuerdo cuando hablé con un referente juvenil que me contaba sobre todos los «vínculos» que logró con diferentes grupos juveniles. Esos vínculos le daban una puerta de entrada para poder compartir el evangelio. Pero todas sus expresiones eran solo potenciales; él estaba orgulloso de las oportunidades que le brindaban, pero eso era todo. Eran buenas oportunidades que, hasta ahora, no había aprovechado.

Me fue inevitable pensar que ese líder tenía miedo de que todas esas actividades y su agenda de trabajo podrían empezar a desmoronarse si compartía el evangelio con toda claridad. Desde su perspectiva, su ministerio tenía un gran impacto, pero ¿qué impacto eterno podemos lograr sin el evangelio? Muchos ministerios tienen la convicción de estar impactando la cultura a pesar de que nunca han enseñado el mensaje de Cristo de manera completa y clara.

El eufemismo que nos gusta usar es que pudimos «compartir» o «reflejar» el evangelio con los demás. Creo que la ambigüedad de esas palabras tranquiliza nuestras mentes porque, aunque no predicamos el evangelio, de alguna manera estuvo en nuestras acciones. Sin embargo, no deberíamos ser ambiguos si queremos impactar a la cultura que nos rodea. En el Nuevo Testamento, vemos que la iglesia se dedicaba a la proclamación del evangelio, mientras que su buen testimonio apoyaba y verificaba aquel mensaje.

La necesidad de la predicación

No puedo dejar de insistir en esto: el uso de las palabras es indispensable en nuestro ministerio. No podemos afirmar los buenos aspectos de la cultura, ni confrontar los malos, si no lo hacemos con palabras. Palabras saturadas de Cristo y contextualizadas a la cultura juvenil. El ejemplo de Pablo vuelve a ser útil porque predicó de diferentes maneras a diferentes culturas, pero siempre un solo mensaje: el evangelio.[1] También vemos que Jesús interactuó con Nicodemo (Juan 3) de una manera muy distinta de cómo lo hizo con la mujer samaritana (Juan 4).

Para confrontar la cultura, debemos predicar el evangelio de manera clara, comprensiva y apropiada para la cultura. Con «predicar» no me refiero solo a la predicación que se hace desde el frente en una reunión de jóvenes; también me

---

1. Por ejemplo, puedes comparar el discurso en Atenas con el de Antioquía de Pisidia, en Hechos 13:13-41.

refiero a los momentos más informales, como una charla de café, un tiempo de discipulado o una simple conversación espontánea. Cada vez que podamos, debemos utilizar nuestras palabras de una forma sabia que nos permita conectar con la cultura juvenil para afirmar y confrontar; ese será nuestro verdadero impacto.

Para esta tarea, es muy útil la propuesta de Timothy Keller, de identificar y valernos de las narrativas culturales. Una narrativa cultural es un relato no explícito compartido por un grupo que ofrece algún tipo de explicación sobre la historia de tal grupo, que funciona como marco de pensamiento para interpretar el presente y proyectar el futuro. En otras palabras, son las ideas y creencias asumidas por la sociedad, que «se sienten como tan evidentes que aquellos que las sostienen no las ven como creencias».[1]

Todas las culturas tienen narrativas que aportan sentido y significado a las conductas y actitudes. Keller tiene unos buenos ejemplos sobre narrativas de nuestras sociedades actuales, como la narrativa de la razón, o la del balance entre la sociedad y el individuo. Lo mejor será consultar la propuesta de su propio autor. Nuestro desafío está en encontrar las narrativas culturales más significativas del grupo juvenil con el que estamos trabajando. Considero que esta es una tarea «sencilla», o al menos, asequible, porque tanto el líder como el grupo comparten la misma cultura, o los mismos patrones culturales, a pesar de las diferencias que pueda haber debido a la edad, educación o estrato social.

Por ejemplo, en el contexto en el que trabajo actualmente, la narrativa de la identidad católica es fuerte. El catolicismo está muy presente desde la conquista y moldea muchos

---

1. Timothy Keller, *La predicación*, 117.

aspectos de la identidad colectiva. La virgen María y diversos santos han protegido y favorecido este lugar en varias ocasiones (según cuentan ellos), por lo que se crea una deuda social. Además, la conservación de la cultura —que está en constante peligro de desaparecer— y la identidad dependen de mantener la fe católica. Entonces, las iglesias evangélicas son vistas no solo como ajenas, sino como peligrosas. En el caso de los jóvenes, no quieren traicionar a sus familias y cultura, pero a la vez son conscientes de que necesitan un cambio. Esta tensión los lleva a mostrarse dispuestos a una «religión nueva», pero con cierta desconfianza, pues no quieren ser vistos como destructores de su cultura.

Lo interesante de estas narrativas es que no explican toda la cultura al detalle, sino que ofrecen un marco para el pensamiento y la reflexión. Entonces, las narrativas también incluyen dudas, objeciones y preguntas que cada cultura se hace y busca responder. Allí está la utilidad de reflexionar en estas narrativas, porque entonces nuestra predicación puede dirigirse a esos puntos ciegos, dudas y contradicciones.

De hecho, los jóvenes y adolescentes son quienes están más dispuestos a poner en juicio su propia cultura y reflexionar sobre sus absurdos. Tienen muchas preguntas y dudas. Buscan respuestas tanto sobre cuestiones personales como sobre cuestiones más culturales. Para ellos es fácil cuestionar las costumbres, los valores y los anhelos de la sociedad en la que viven.

Por eso es una pena que los líderes del ministerio juvenil dediquen tanto tiempo y esfuerzo a cuestiones buenas pero secundarias (como juegos, actividades o decoración), en vez de priorizar la predicación y de esforzarse por hacerlo de una manera adecuada a la cultura. Para que la reunión de jóvenes tenga un gran impacto, no debemos quitar la predicación o reducirla a quince minutos de reflexión moralista. Más bien, debemos esforzarnos por hacer de la predicación el tiempo central, donde abordamos luchas, dudas, costumbres y contradicciones; esforzarnos para que nuestras predicaciones lleguen a la cultura, la comprendan y la confronten.

Es posible que no siempre puedas enseñar la profundidad de una doctrina bíblica, en especial a adolescentes. Pero eso no significa que las prédicas tengan que ser superficiales. Está bien si las enseñanzas tienen que ser básicas en el sentido de ser fundamentales. Podemos enseñar verdades básicas y fundamentales con aplicaciones que confronten las conductas y creencias de la cultura juvenil.

El valor de capacitar

Al igual que en la situación de Pablo en Atenas, algunos jóvenes escucharán y otros no. Todo lo que te he compartido no es una receta para el éxito, pues los resultados están en manos de Dios. Pero con aquellos que responden, que sí quieren que el evangelio transforme sus vidas y su cultura, ¿cómo seguimos?

Una parte vital de nuestra tarea como líderes, con relación a la cultura, es enseñarles a los jóvenes a replicar lo que nosotros hicimos con ellos. Entonces serán *ellos* quienes puedan vivir de una manera en que comprendan y confronten con el evangelio a la cultura en la que se mueven fuera de la iglesia.

En este sentido, es bueno que los líderes podamos abordar temáticas actuales, como la sexualidad, los debates de género, el aborto o la ecología. Pero ¡tengamos cuidado! No nos dejemos llevar por las agendas de los medios de comunicación y diversas empresas. Es cierto que estos temas están en la opinión pública y debemos abordarlos, pero no tenemos que saturar con ellos hasta el cansancio.

Hay otras cuestiones que no están de «moda», pero que afectan mucho a los jóvenes y adolescentes, como la pobreza, el divorcio o el consumo de sustancias. En donde trabajo mientras escribo esto, el catolicismo y la brujería son cuestiones culturales necesarias de abordar. ¿Puedes pensar en cuáles son los temas más significativos en donde viven los jóvenes con los que trabajas? La idea es abordar estos temas con respeto, reconociendo los aspectos buenos (si los hay) y confrontando los malos, mostrando cómo ellos solo tienen solución en Cristo.

El punto es que no solo debemos encarar estos temas con el evangelio, sino también asegurarnos de que nuestros jóvenes entiendan el argumento que les damos y la manera en que Cristo es la respuesta y el camino. ¿A qué me refiero? Podríamos darles una enseñanza sobre género y que ellos terminen convencidos de la verdad bíblica de que existen solo dos, varón y hembra. Hasta ahí, todo marcha bien. El problema es que si ellos no pueden explicar a otros la respuesta que aprendieron, van a tener muchos problemas para presentar una defensa de su fe a sus pares, amigos o familias.

Así que no solo debemos persuadirlos de una respuesta bíblica, sino también enseñarles a defender su fe con la misma comprensión, humildad, valentía y firmeza con la que nosotros se las enseñamos.

Atesorar a Cristo

En este sentido, hay muchos consejos que podemos enseñar a los jóvenes sobre cómo interactuar con su cultura, como enseñarles a huir de las tentaciones sexuales, a no ser despectivos con expresiones culturales que ellos no comparten, a ser valientes para resistir la presión cultural, y a reprender lo que está mal y ofende a Dios, aunque los menosprecien. ¡Hay tanto que enseñarles! Pero existe un aspecto crucial si queremos que nuestra capacitación surta efecto: hay que enseñarles a atesorar a Cristo en sus corazones (1 Ped. 3:15). Esto es más importante que cualquier argumento apologético que podamos darles.

Cuando Cristo sea el mayor tesoro de sus corazones, podrán hacer frente a las tentaciones que la cultura les ofrece; y si caen, podrán regresar a Jesús, quien extiende Su gracia a los humildes y arrepentidos. Si Cristo es precioso para ellos (1 Ped. 2:7), estarán firmes en sus convicciones, aunque vacilen en su defensa, les tiemble la voz y no sepan qué responder en algunos casos.

En última instancia, toda esta propuesta para impactar la cultura se trata de Cristo. Desde el comienzo, necesitamos cultivar un carácter como el de Jesús para comprender la cultura. Para afirmar y confrontar, debemos hacerlo con el evangelio. Finalmente, debemos capacitar a los jóvenes a atesorar a Cristo en sus corazones, para que puedan interactuar con la cultura y presentar defensa de su fe. Al arraigar sus vidas al evangelio, junto a su iglesia local, los jóvenes podrán permanecer firmes como árbol junto a las aguas, sin caer en los engaños de filosofías y huecas sutilezas (Col. 2:6-10). No caerán ante los argumentos falsos que su cultura les ofrezca. Más bien, podrán replicar a su alrededor el impacto que por la gracia de Dios tengamos en sus vidas.

Preguntas para discusión

- Luego de leer este capítulo, ¿cómo explicarías qué es la cultura, y la importancia de tener un concepto claro de la misma?

- ¿Cómo el ejemplo de Pablo en Atenas resulta instructivo para comprender, afirmar y confrontar la cultura con el evangelio?

- ¿Qué pasos prácticos puedes dar en tu contexto para hacer lo mismo y capacitar a los jóvenes para que puedan testificar de Cristo?

CAPÍTULO 8
UN LÍDER QUE APUNTA AL CORAZÓN

Por Flavia Johansson

… porque donde esté tu tesoro, allí estará también tu corazón.
(Mat. 6:21)

S iempre fui una adolescente muy activa en el servicio en la iglesia. Desde los quince años, sirvo en varios ministerios: estuve con los niños, tocaba la batería en la alabanza, y servía de muchas otras maneras. Cuando llegaba el fin de semana, desaparecía de mi casa para servir en la iglesia (lo que muchas veces trajo conflicto con mi familia cuando querían hacer un paseo familiar y yo prefería estar en la iglesia). Así que, a simple vista, podrías pensar algo como: «Flavia era un chica muy servicial; qué bueno que creció dentro de la iglesia y sirviendo a sus hermanos». Pero la realidad es que yo era más parecida a un zombi que asistía a la iglesia.

Cuando terminaba el domingo, el resto de mi semana era oscura para mí. No encontraba gozo y solía poner una linda careta para salir a vivir. No entendía bien qué me pasaba y esto continuó así hasta casi mis 25 años. Así que Dios envió una prueba enorme a mi vida. Él abrió mis ojos y me enseñó en Su Palabra y por medio de diversas experiencias que mi corazón estaba lleno de ídolos, cosas a las que yo daba en mi vida el primer lugar que solo Dios merece. Yo estaba dividida y, a la vez, vacía. Por eso no había experimentado el gozo verdadero.

¿Cómo es que caminé tantos años con el corazón dividido? ¿Por qué hice lo que hice? Solo había una forma de averiguarlo. Dejé el ministerio por un año. Lo hice porque necesitaba tratar mi corazón con la Palabra de Dios. Por la gracia del Señor, tuve líderes maduros y fieles a Él que tomaron decisiones firmes conmigo, pues anhelaban que yo fuera más como Cristo.

«Lo que vamos a decirte ya lo sabes, pero necesitas recordarlo y creerlo». Con estas palabras, un matrimonio de mi iglesia me confrontó en amor por algunas cosas que estaban mal dentro de mí y de allí en adelante pude ver cómo el Señor se encargó de guiar mis pasos y mi corazón. En la iglesia, Dios envió a mi vida mujeres maduras que me acompañaron y, juntas, a través de Su Palabra, durante ese año pude reconocer mis ídolos, arrepentirme y encaminar mi corazón solo al Señor.

¿Quieres ver cambios en tus jóvenes?

Mi experiencia me enseñó que asistir a la iglesia y servir allí no significa que nuestros corazones en verdad prioricen al Señor. Como líder, me ayudó a estar atenta a que los jóvenes que están sirviendo en la iglesia en verdad lo hagan con un corazón íntegro. También aprendí que lo más necesario para cada uno de nosotros no es solo cambiar nuestro comportamiento, sino que haya un cambio en nuestros corazones que *entonces* se evidencie en un comportamiento que honra a Dios. Esta verdad revolucionó la forma en que sirvo a los jóvenes.

Todo líder juvenil quiere ver cambios grandes en la vida de sus jóvenes y verlos cumplir grandes metas. Por ejemplo, ver a un joven crecer y convertirse en un gran líder o misionero enviado a naciones no alcanzadas; o ver una joven convertirse en una mujer sabia que glorifica a Dios en su casa y su trabajo. ¡Qué privilegio! Ese tipo de anhelo debería estar en el corazón de cada líder. Pero la realidad es que el camino de verlos crecer es tedioso y no siempre termina así. El cambio en nuestros jóvenes no ocurre de la noche a la mañana. Su crecimiento es un viaje de toda la vida. En medio de eso, podemos sentir frustraciones y preguntarnos: *¿Cómo liderar de una manera en que en verdad busquemos el crecimiento de ellos?*

En todo esto, solemos ser cortos de vista y caer en el reduccionismo de pensar solo en el comportamiento de los jóvenes. Es decir, en que hagan «cosas de cristianos» (asistir a la iglesia, no fumar ni robar, ser buenos estudiantes, llegar vírgenes al matrimonio, etc.). Pero la verdad es que no somos llamados a formar fariseos jóvenes; somos llamados a formar creyentes que amen a Dios sobre todas las cosas. No queremos ver cambios que solo sean cosméticos, en el exterior, mientras el interior sigue igual.

La clave que he aprendido para permanecer y ser efectivos en el ministerio es buscar un impacto en el corazón de los jóvenes en vez de solo animarlos a cambiar su comportamiento. Los líderes que años atrás apuntaron a la realidad de mi corazón fueron claves para mi verdadero cambio. Por eso en este capítulo quiero animarnos para que tú y yo seamos ese tipo de líder.

El corazón según la Biblia

En Mateo 22, el Señor Jesús señala cuál es el mandamiento más importante en la Biblia: «Amarás al Señor tu Dios con todo tu corazón, y con toda tu alma, y con toda tu mente». Es importante, entonces, responder a la pregunta: ¿Qué comprensión tiene el Señor sobre el corazón?

La Biblia menciona el corazón alrededor de 700 veces y, cuando lo hace, es para hablar sobre la persona interior. El corazón es el centro de lo que la persona realmente es: «Porque cual es su pensamiento en su corazón, tal es él» (Prov. 23:7a, RVR1960). Así que, si quieres conocer a tus jóvenes, debes saber cómo funciona su corazón. Esto no se logra de un momento a otro, pues debes invertir tiempo con ellos. El ministerio no es solo una noche por semana, sino cada día de tu vida.

Jesús nos ayuda a entender cómo funcionan las personas. Nos da una descripción gráfica, en forma de metáfora: la de un árbol y sus frutos (Luc. 6:43-45). De manera natural, las partes del árbol funcionan en forma orgánica. Así también funcionan las personas: los frutos del árbol son como los comportamientos de las personas; del mismo modo en que reconocemos a un árbol por su fruto, reconocemos a una persona por su comportamiento.

Al mismo tiempo, en la Biblia vemos que el corazón tiene tres funciones que debes conocer para poder acercarte con certeza a tus jóvenes. En primer lugar, podemos mencionar *la mente*, es decir, el pensamiento. Por ejemplo, Pablo declara sobre la humanidad perdida: «Pues aunque conocían a Dios, no lo honraron como a Dios ni le dieron gracias, sino que *se hicieron vanos en sus razonamientos y su necio corazón fue entenebrecido*» (Rom. 1:21, énfasis añadido). Mateo relata que

«Jesús, conociendo sus pensamientos [los de los escribas],
dijo: «¿Por qué *piensan* mal en sus *corazones*?» (Mat. 9:4,
énfasis añadido). Y en su alabanza a Dios, María declara: «Ha
hecho proezas con Su brazo; ha esparcido a los soberbios en
el pensamiento de sus corazones» (Luc. 1:51, énfasis añadido).
En estos y otros pasajes, podemos ver cómo la Biblia deja
en claro que los pensamientos están en el corazón (aunque
quizás para el mundo no estén allí). Conocer esto es muy
útil porque, si quieres saber lo que pasa en el corazón de tus
jóvenes, puedes acercarte a ellos con buenas preguntas para
saber qué piensan o creen. Si alguien me hubiera pregun-
tado años atrás: «¿Flavia, por qué sirves tanto en la iglesia?
¿Acaso crees que Dios te acepta por todo lo que haces?», tal
vez hallaría a una Flavia que pensaba que podía ganarse la
salvación con sus acciones.

La segunda función bíblica que mencionaremos de nuestra
persona interior son *los afectos*; es decir, las emociones, los
sentimientos. El hecho de que en nuestros corazones alber-
gamos sentimientos y deseos es evidente en la Escritura (por
ej.: Deut. 28:47; Heb. 12:3; Sant. 3:14). Por eso los puritanos
(llamados así por buscar una iglesia más pura conforme a la
Biblia en Inglaterra) hablaban tanto sobre los afectos. Ellos
eran conscientes de que debían desafiar a sus corazones para
que amaran a Dios y odiaran el pecado. La manera en que
procuraban esto era al meditar en la Palabra de Dios. Así que
te pregunto: ¿Cuán a menudo llevas a tus jóvenes a meditar
en la Palabra? Ellos necesitan mantener sus afectos bajo la
autoridad y la visión santa del Señor.

Por último, la tercera función del corazón es *la voluntad*.
Es en nuestros corazones que decidimos el tipo de acciones
que realizaremos. Es a través de la voluntad que los afectos
y los pensamientos se expresan. El Dr. Jay Adams, en su

clásico *Teología de la consejería cristiana*, llama al corazón «la fuente o la cámara del tesoro de donde brotan las palabras y las acciones externas» (comp. Deut. 30:19; Jos. 24:15).[1] Es decir, tenemos que comprender que apuntar al corazón *también* es apuntar al comportamiento, mientras que apuntar al comportamiento no necesariamente es dirigirnos al corazón. Recordemos lo que dice el Señor: «Así, todo árbol bueno da frutos buenos; pero el árbol malo da frutos malos. Un árbol bueno no puede producir frutos malos, ni un árbol malo producir frutos buenos» (Mat. 7:17-18).

En mi experiencia, y al observar a otros líderes, veo que solemos relacionar inmediatamente el corazón con las emociones o los sentimientos, pero al mismo tiempo, lo que más queremos trabajar en nuestros jóvenes es la voluntad del corazón expresado. Eso nos lleva a un desequilibrio cuando se trata de enfocarnos en los corazones de nuestros jóvenes en sus luchas, pues pensamos que abordando su comportamiento ya estamos ayudándolos de la mejor manera.

Ahora bien, luego de reconocer las funciones del corazón, ¿qué es lo siguiente a considerar para poder ministrar bien al corazón de nuestros jóvenes?

Las influencias sobre el corazón

De seguro te has cruzado con jóvenes que atraviesan diferentes luchas y problemas, y te han dicho cosas como: «Deberías estar en mi casa y ver cómo mi padre me insulta; no puedo no responder con la misma moneda»; «La muerte de mi amigo me ha golpeado muy duro; este dolor en el pecho no se me

---

1. Jay Adams, *Theology of Christian Counseling* (Grand Rapids, MI: Zondervan Publisher House, 1986), 114-115.

va, él era todo para mí»; «Atravesar esta enfermedad es difícil, quiero bajar los brazos»; «Fui al psiquiatra, tengo que medicarme para avanzar»; «Me enoja que mis padres me digan todo el tiempo qué hacer». Seguro podemos seguir dando ejemplos.

Ahora, imagina por un momento que vas manejando en una ruta hacia el corazón de un joven para poder aconsejarlo bíblicamente en medio de su pecado o situación. Corres el peligro de desviarte hacia uno de los dos lados fuera de la ruta. A tu lado izquierdo, está la idea de que el contexto en que está el joven determina la forma en que vive su vida. En el lado derecho, tienes el extremo contrario, que es ignorar por completo el contexto en el que vive el joven. ¿Cuál lado es el más preferible?

La respuesta es obvia: cualquiera de los dos lados va a negar el significado verdadero del evangelio para su vida. ¿Por qué? Porque si pones tu atención en la idea de que el contexto es determinante para las acciones del joven, vas tener una visión pesimista que ofrecerle, en la que el contexto (y no Dios) tiene la última palabra para el cambio en su vida; y una visión que lo llevará a justificarse sin confrontar su propio pecado. Del mismo modo, si desvías tu auto hacia el otro lado de la ruta, no estarás encarnando el amor de Cristo, quien comprende y es sensible hacia el contexto en el que se expresan las creencias y motivaciones. Ambos lados fuera de la ruta no comprenden bien las influencias sobre el corazón de los jóvenes y su impacto real. Nos impedirán llegar a lo que queremos alcanzar: el corazón del joven para servirlo con el evangelio.

Entonces, ¿cómo entender los factores que impactan en el corazón de los jóvenes? Mike Emlet, consejero y decano de la facultad en la Fundación de Consejería y Educación Cristiana (CCEF, por sus siglas en inglés), y quien además es médico, me ha ayudado por medio de su enseñanza en este tema. Él enseña que podemos clasificar las influencias sobre el corazón como influencias somáticas, relacionales y socioculturales.[1]

Las influencias somáticas o intrapersonales se basan en la relación de la mente/corazón con el cuerpo. Como líder, necesitas saber que el cuerpo es el contexto o mediador entre lo que el corazón siente, piensa, actúa, y la manera en que lo expresa en el mundo exterior. El cuerpo lleva a cabo los deseos del corazón. Con esto no quiero decir que el cuerpo es solo una parte de nosotros que lleva a cabo de manera pasiva el deseo de pecar u obedecer, sino que se habla de él en términos de debilidad y fuerza, limitación y dependencia, y que cuando pecamos u obedecemos, sin duda, tanto el cuerpo como el corazón están involucrados.[2]

Por tanto, cuando en tu ministerio haya algún joven atravesando alguna debilidad, enfermedad o crisis en su cuerpo, y eso lo esté tentando a pecar, ¿qué es lo mejor que puedes hacer? Puedes recomendarle que acuda a un médico, por supuesto, pero en primer lugar hay que enseñarle y recordarle que, en última instancia, nuestros cuerpos no tienen la última palabra cuando se trata de vivir o no en la fe o en la idolatría. Busca la sabiduría de Dios para guiarlo a la obediencia fiel al Señor en su debilidad o dependencia física.

Al hablar de las influencias relacionales o interpersonales, aquí entra en juego algo que me ha ayudado mucho a abrir

---

1. Mike Emlet, «Understanding the Influences on the Human Heart». *Journal of the Biblical Counseling, n.º 20:02* (2002). CCEF.

2. Para más sobre esto, te animo a leer: Edward T. Welch, *Una guía para el consejero sobre el cerebro y sus trastornos* (Colombia: Poiema Publicaciones, 2020). Este recurso explora la relación entre el corazón y el cuerpo y las implicaciones muy prácticas para el ministerio a los que tienen preocupaciones fisiológicas definitivas o posibles.

mis ojos frente a la idea humanista sobre la influencia de los padres y la crianza al momento de hablar con algún joven. Por lo general, la visión del mundo que nos rodea es que si un joven creció con padres controladores y perfeccionistas, puede sufrir de anorexia; o si ha crecido maltratado, entonces se convierte en un padre maltratador. La experiencia parece dejar en claro que otras personas (padres, tíos, cuidadores, etc.), con sus creencias, palabras y acciones, determinan lo que somos para bien o para mal.

Hay una diferencia enorme entre esta visión y la visión bíblica, la cual sí reconoce una influencia de nuestro pasado y de otras personas en nuestras vidas, pero no dice que estas cosas determinan lo que hacemos o somos. De hecho, aquí hay algo maravilloso, ese bálsamo que nos provee el evangelio: si nuestros jóvenes son creyentes, son nuevas criaturas en Cristo (2 Cor. 5:17). Aún más, el evangelio trae consuelo y esperanza para quienes han sufrido o sufren por causa de otros. Por lo tanto, nuestra tarea como líderes es conocer y comprender las presiones relacionales de nuestros jóvenes para suministrarles la verdad del evangelio y hablar la verdad en el tiempo correcto (Prov. 25:11).

La última influencia a tener en cuenta es la sociocultural o transpersonal, es decir, el papel de la cultura y la sociedad en el corazón de nuestros jóvenes. En el capítulo anterior, ya leíste sobre la cultura y cómo comprenderla, afirmar lo bueno en ella y confrontar con el evangelio, por lo que no abordaré eso aquí. Basta decir que el evangelio también está destinado a desafiar y redimir las normas establecidas de la cultura del mundo. Por lo tanto, es sabio y amoroso evaluar y comprender los factores socioculturales que tratan de moldear nuestros propios corazones y los corazones de nuestros jóvenes. Aunque nuestro corazón es perverso por naturaleza y una «fábrica de ídolos», como diría Juan Calvino, el ambiente en que nos movemos no deja de ser influyente sobre nosotros. Recuerda que el mundo de los jóvenes es inestable. Ellos y nosotros vivimos en un mundo caído. Tus jóvenes están desarrollando pensamientos y afectos en un tiempo donde todo cambia muy rápido y se enfrentan a problemas graves, como el suicidio, la impureza sexual, la depresión, las adicciones y el abuso de diferentes tipos. Así que, al apuntar al corazón de nuestros jóvenes con el evangelio, debemos trazar un mapa de la realidad de sus situaciones de vida, incluso si eso es para ayudarlos a reinterpretar su visión con la mirada de Dios.

Reconocer estas influencias nos ayuda a transitar bien por la ruta que mencionamos, sin caer a un costado, al estudiar el impacto de tales influencias sin restar importancia a la responsabilidad y el corazón del joven. Ahora bien, aclarado todo esto, ¿cómo podemos apuntar en verdad al corazón de los jóvenes?

La consejería a los jóvenes

A lo largo de los años, he aprendido una «fórmula» para llegar al corazón de los jóvenes: *amar, conocer, decir* y *hacer*.[1] Las palabras en la fórmula no se tratan de pasos a seguir en orden, sino que todas ellas *son* la esencia de la vida ministerial que busca llegar al corazón de las personas y ser un instrumento en las manos del Señor. De hecho, este modelo de ministerio personal no es solo para «aplicarlo» en un ambiente formal, así que te animo a que sea tu estilo de vida.

---

1. Puedes leer sobre esta fórmula en el libro *Instrumentos en las manos del Redentor: Personas necesitadas de cambio ayudando a otros con necesidad de cambio* (Graham, NC: Publicaciones Faro de Gracia, 2012), por Paul David Tripp.

Cuando hablamos de *amar*, nos referimos a la importancia de las relaciones. Sin duda, el ministerio juvenil para llegar a los corazones debe estar basado en el amor, el mismo que impulsó a Dios a enviar a Su Hijo a sacrificarse en la cruz por cada uno de nosotros y que nos mueve a amar a los demás (1 Jn. 4:7-8). Que cada relación con los jóvenes a quienes discipules sea un pequeño taller, basado en el amor de Dios, donde el Señor esté obrando.

Una vez que nos acercamos movidos por el amor a los jóvenes, debemos empezar a familiarizarnos con sus vidas. Debemos *conocerlos*. Ten cuidado aquí, porque saber sus gustos, cuáles son sus equipos de fútbol favoritos y a cuáles colegios van no es realmente conocerlos. Los conocemos cuando conocemos sus corazones. Debemos aspirar a conocer sus creencias, sueños, metas, anhelos, emociones, valores y esperanzas. De nuevo, tenemos el ejemplo de nuestro señor Jesucristo, quien sabe cómo obrar en nosotros, cómo confrontarnos y consolarnos, porque nos conoce y conoce nuestras circunstancias íntimamente (Heb. 4:14-16).

Como un líder que quiere ser efectivo, al hablar con los jóvenes debes poder hacer preguntas que apunten a los pensamientos (¿qué piensas?), los afectos (¿qué sientes?) y las decisiones de su corazón (¿qué hiciste?). Preguntas como: *¿Para qué vives realmente? ¿Cómo sabes que entiendes el evangelio? ¿Qué significa para ti vivir por fe? ¿Qué es lo que más amas? ¿Cómo te sentirías si pierdes un año de universidad? ¿Por qué te preocupas tanto por tu imagen?*

Este tipo de preguntas van dirigidas al corazón. Cuando las hagas, no supongas de antemano qué te responderán. Tampoco dejes opciones para malos entendidos. No puedes ayudar a tu joven si no has llegado a la raíz del principal problema en su vidas y el lugar donde necesita el evangelio.

Además, es bueno recolectar información sobre sus circunstancias, con preguntas como: *¿Qué estaba pasando antes, durante y después? ¿Quiénes estaban en ese momento? ¿Ellos dijeron algo, hicieron algo? ¿Has hablado con alguien más sobre esto?* Siempre es bueno tener más información, no quedarte con lo que ellos te están diciendo en el momento. Así que usa más preguntas para buscar ampliar lo que ellos te dicen.

Al mismo tiempo, no puedes llegar a conocer a un joven compartiendo solo dos horas a la semana en una reunión de jóvenes. Por ende, te animo a compartir tiempo con los jóvenes fuera de las reuniones. Invierte tiempo en la semana para hacer cosas más informales con ellos, como salir a tomar un café, salir a caminar o ver una película en grupo. A medida que empieces a pasar más tiempo con ellos, irás conociéndolos como realmente son.

Conocer sus corazones y luchas te ayuda a que puedas *hablarles* la verdad en amor, mostrándoles qué dice la Palabra de Dios sobre lo que ves en ellos (Ef. 4:15). Esto no significa que debas darles discursos formales; significa ayudar a tus jóvenes a ver su vida con mayor claridad a través de los ojos del Señor.

Entonces, luego de que tus jóvenes comprendan lo que la Palabra de Dios tiene para sus vidas, debes ayudarlos a *hacer* algo con lo que aprendieron, es decir, aplicarlo a sus vidas diarias y relaciones. El conocimiento por sí solo no es el cambio que buscamos (Sant. 1:22). Por tanto, no debemos dejarlos «solos» frente a lo que van aprendiendo sobre sus propios corazones y la vida cristiana; debemos ayudarlos con tareas, para que pongan en práctica lo aprendido. Así que, intenta que tus tareas vayan en dirección a los elementos del corazón: que haya tareas de memorización de versículos, lectura bíblica, preguntas sobre la lectura, pero también cuestiones prácticas como arrepentirse, pedir perdón, hablar con alguien, rendir cuentas, etc. Esto ayudará a tu joven a crear hábitos sanos y bíblicos.

En todo esto, es vital que no te creas un superhéroe, y mucho menos que te presentes como uno. Algo bueno del liderazgo en un ministerio y de querer apuntar al corazón es que, cuando quieres servir así para la gloria de Dios, te das cuenta de que necesitas de Cristo y Su Palabra tanto como el joven a quien estás acompañando. Así que hazle saber que también dependes del Señor, aunque seas más maduro en la fe. *Ambos* dependen de la obra del Espíritu Santo.

Corazones transformados

Por muchos años estuve discipulando a una jovencita que tenía una vida desganada y, entre tantas cosas para las que era apática, no quería ir a la iglesia. Como líder, necesitaba pasar más tiempo con ella, saber qué estaba pasando en su corazón. Así que tuve una idea: la invité a un pequeño viaje misionero a una de las congregaciones que estaba plantando nuestra iglesia.

Esta congregación está muy alejada de la ciudad, en un pequeño pueblo en medio de un desierto. Allí no hay agua potable y la luz eléctrica no es muy buena. Compartimos el viaje con hermanos fieles y maduros en la fe de nuestra con-gregación (¡no olvides la importancia de la iglesia local para impactar los corazones de los jóvenes!). Durante el viaje, ellos contaron sus testimonios y cómo vivían día a día con el Señor.

En aquella congregación, la jovencita pudo conocer el esfuerzo de los hermanos para poder congregarse, las nece-sidades que había en ese lugar, y cómo aun, a pesar de eso, seguían adorando a Dios. Mi oración era que Dios me usara para hacerle buenas preguntas, estar atenta a sus actitudes y dirigirla siempre a Cristo.

Ella regresó a la ciudad realmente impactada. Se dio cuenta de que debía arrepentirse de su corazón egoísta y buscar más a Dios y amar más a Su iglesia. Hoy en día, sirve en un ministerio con niños de un barrio marginado, se congrega y ama a la iglesia. ¡Solo Dios puede hacer esos cambios en los corazones! Pero nosotros, como líderes, debemos dejarnos usar por Él.

Comprendí que necesitaba apuntar al corazón de mis jóvenes cuando me encontré con otros líderes que estaban apuntando al mío. Somos llamados a buscar cambios profundos, en el interior de las personas. Es allí donde se produce la transformación verdadera, donde Dios obra y Su Espíritu Santo guía. Solo ese cambio es el que va a perseverar en este mundo inestable y oscuro.

Preguntas para discusión

- ¿Por qué es más fácil y atractivo enfocarnos mayormente en el comportamiento de los jóvenes? Según lo que leíste, ¿cuál es el peligro de esto y por qué?

- ¿Cómo el concepto bíblico del corazón debe moldear la forma en que entendemos cómo alcanzar a nuestros jóvenes con el evangelio?

- Sobre la fórmula «amar, conocer, decir y hacer», ¿cuál es el elemento en el que más necesites trabajar en este momento en tu relación con los jóvenes y qué pasos puedes dar para abordarlo?

CAPÍTULO 9

UN LÍDER QUE AMA A LA IGLESIA LOCAL

Por Moisés Gómez

Ahora bien, ustedes son el cuerpo de Cristo,
y cada uno individualmente un miembro de él.
(1 Cor. 12:27)

«E l ministerio juvenil es mi trampolín al ministerio pastoral», me explicaba un amigo cuando le pregunté cómo iban las cosas en su ministerio. «Mi meta es ser pastor, y mi tiempo de servicio a los jóvenes solo me servirá para crecer en mi liderazgo». Desde su perspectiva, el liderazgo juvenil era temporal, menos significativo que el pastorado, pero que lo podría impulsar al mismo. Su punto de vista infería que el ministerio pastoral es una posición a la que se escala, no un llamado que Dios hace y es afirmado por la iglesia.

Seré directo: cualquier persona que también piense así no tiene un entendimiento claro de la iglesia local ni del llamado pastoral; mucho menos del rol que ocupa el ministerio juvenil en la vida de la iglesia. Sin embargo, esta perspectiva es más común de lo que a veces admitimos. Con esto en mente, el propósito de este capítulo es que reflexionemos bíblicamente en qué es la iglesia local y cómo un líder de jóvenes efectivo ama a la iglesia local.

El origen de la iglesia

Para amar a la iglesia local, debemos conocer su origen y qué es. El término griego traducido para «iglesia» en la Biblia es *ekklesía* (ἐκκλησία) y se define como «una asamblea o congregación».[1] Este término aparece tanto en el Antiguo Testamento (en la traducción al griego en la época de los apóstoles) como en el Nuevo Testamento.

La Biblia enseña que la iglesia siempre ha estado en los planes eternos de Dios. Desde los días de Abraham, Dios ha manifestado Su plan de formar un pueblo para sí, por lo que escogió soberanamente a hombres y mujeres a los que liberó de la esclavitud en Egipto y con quienes hizo un pacto (antiguo pacto). De igual manera, la iglesia hoy es el pueblo al que Dios liberó del pecado por medio del sacrificio de Cristo y con quienes ha hecho un nuevo pacto, aquello a lo que apuntaba el antiguo y que se prometió en la Escritura (comp. Luc. 24:44).

Por lo tanto, la idea de la iglesia como la conocemos hoy comenzó a materializarse con la encarnación de Cristo (Juan 1:14). Él se manifestó a nosotros, tomando forma de siervo, y por medio de Su obediencia perfecta fue a la cruz y entregó Su vida para salvar a pecadores de todas las naciones, quienes serían alcanzados por medio de Su obra redentora. A los que Él alcanzó les dio el derecho de ser hijos de Dios (Juan 1:12-13), Su pueblo y linaje (1 Ped. 2:9-10), y los convirtió en Su cuerpo (1 Cor. 12:27), Su novia (Apoc. 19:7), que es la iglesia.

---

1. William Arndt et al., *A Greek-English Lexicon of the New Testament and Other Early Christian Literature* (Chicago: University of Chicago Press, 2000), 303.

Pablo nos ayuda a entender esto, al hablar de cómo la iglesia es un pueblo formado por judíos y gentiles (no judíos) creyentes en Cristo:

Pero ahora en Cristo Jesús, ustedes, que en otro tiempo estaban lejos, han sido acercados por la sangre de Cristo. Porque Él mismo es nuestra paz, y de ambos pueblos hizo uno, derribando la pared intermedia de separación, poniendo fin a la enemistad en Su carne, la ley de los mandamientos expresados en ordenanzas, para crear en Él mismo de los dos un nuevo hombre, estableciendo así la paz, y para reconciliar con Dios a los dos en un cuerpo por medio de la cruz, habiendo dado muerte en ella a la enemistad. Y VINO Y ANUNCIÓ PAZ A USTEDES QUE ESTABAN LEJOS, Y PAZ A LOS QUE ESTABAN CERCA. Porque por medio de Cristo los unos y los otros tenemos nuestra entrada al Padre en un mismo Espíritu. (Ef. 2:13-18)

Ahora, a través de Jesucristo, Dios salva a individuos a quienes llama Su pueblo. *La iglesia es el pueblo de Dios hoy.* Además, sabemos que Cristo promete edificar Su iglesia (Mat. 16:18), lo cual nos deja claro que ella es parte del propósito de Su misión cuando vino a rescatarnos. Más aún, luego de Su resurrección, con el mandato de la Gran Comisión, todos los creyentes tenemos la responsabilidad de dar a conocer el mensaje de salvación y discipular a aquellos que respondan a la buena noticia del evangelio (Mat. 28:18-20).

Ellos serán bautizados y discipulados, y así se unirán al cuerpo de Cristo. En otras palabras, Jesús definió la membresía de la iglesia con el bautismo y el discipulado. Esto es lo que vemos en el nacimiento de la primera comunidad de creyentes (Hech. 2:41-42). Lucas nos cuenta sobre la iglesia entonces:

Todos los que habían creído estaban juntos y tenían todas las cosas en común; vendían todas sus propiedades y sus bienes y los compartían con todos, según la necesidad de cada uno. Día tras día continuaban unánimes en el templo y partiendo el pan en los hogares, comían juntos con alegría y sencillez de corazón, alabando a Dios y hallando favor con todo el pueblo. Y el Señor añadía cada día al número de ellos los que iban siendo salvos. (vv. 44-47)

Así floreció la iglesia donde luego se establecieron los primeros líderes (Hech. 6:1-2, 5-6) y Dios luego injertó a los creyentes gentiles a la comunidad de la fe (Hech. 10). Esta comunidad nacida en el primer siglo nos muestra que los cristianos no somos independientes ni autónomos, sino que pertenecemos a Dios y Su pueblo. De esta manera, vemos el origen de la iglesia de Cristo en Su misión de redimir a un pueblo para reconciliarlo con Dios, y alcanzar a las naciones de todo el mundo.

Cuando consideramos la definición de la iglesia, también necesitamos abordarla desde dos perspectivas: una ampliada y una específica. La perspectiva ampliada nos da un concepto que se conoce como la *iglesia universal*. Ella está formada por todos los creyentes en Cristo, alcanzados por Su obra de redención, en el pasado, en el presente y aquellos que vendrán a Cristo en el futuro.

Por otro lado, cuando hablamos de la *iglesia local*, nos referimos a la iglesia a la que perteneces, donde participas de la comunidad y regularmente te reúnes a adorar a Cristo y escuchar Su Palabra. Este es el lugar donde Dios te ha plantado para servir con tus dones y talentos, y ser servido por los dones de otras personas. Es el lugar donde has hecho un compromiso de caminar con hermanos imperfectos que, al igual que tú, están siendo santificados por el Espíritu Santo.

Ahora bien, ¿por qué todo esto es importante en este libro? Porque si no sabemos que nuestro servicio en el ministerio juvenil es parte de un plan y una obra mayor de Dios, podemos caer en el error de hacer una caricatura de la iglesia y del rol que juegan los jóvenes en ella. Tristemente, muchos líderes de jóvenes, y aun los jóvenes, no tienen un concepto sano sobre la iglesia local. Algunos han llegado a pensar que la iglesia es una estructura física, un centro de ayuda comunitaria o un punto de reunión social. ¡De ninguna manera!

La iglesia de Cristo es el pueblo de Dios, alcanzado por un nuevo pacto, que se reúne regularmente para adorarlo y asume el llamado de ser columna y estandarte de la verdad (1 Tim. 3:15). Es la comunidad de creyentes que está siendo moldeada por la Palabra de Dios a la imagen de Cristo y que, mientras espera con paciencia el retorno de su Señor, cumple en obediencia la Gran Comisión.

El amor a la iglesia

Ahora que hemos reflexionado en la enseñanza bíblica sobre qué es la iglesia local, ¿cómo somos llamados a amarla en nuestro rol como líderes de jóvenes? Hay mucho para hablar al respecto, pero las siguientes son tres verdades íntimamente relacionadas sobre cómo debemos atesorar a la iglesia.

Ama a la iglesia local como Cristo la amó

La razón más importante por la que, como creyente y líder de jóvenes, debes amar a la iglesia es porque Cristo la amó, la ama y la amará eternamente. Pablo deja en evidencia la manera en que Cristo amó a la iglesia: «Maridos, amen a sus mujeres, así como Cristo amó a la iglesia y se dio Él mismo por ella» (Ef. 5:25). Este texto es usado mayormente para enseñar a los esposos a amar a sus esposas, porque explica cómo Cristo amó a la iglesia, pero tiene implicaciones para todos los creyentes al mostrarnos cómo debe lucir nuestro amor hacia el pueblo de Dios.

Jesús amó a la iglesia con Su vida de sacrificio y al ir a la cruz para pagar la deuda imposible de pagar que cada uno de nosotros tenía en contra de Dios. Él se dio a sí mismo por Su iglesia, al ocupar el lugar que ella merecía en la cruz y al recibir la ira de Dios de manera que ahora la iglesia (formada por todos Sus hijos) no reciba condenación. ¿No es esto glorioso? ¡Qué manera de amar! Eso es amar sacrificialmente. Por lo tanto, un líder de jóvenes que agrada a Dios y sigue los pasos de Cristo ama a la iglesia así como Cristo la ama.

Ama a la iglesia local con sus imperfecciones

Por supuesto, en la iglesia encontraremos muchas imperfecciones. Está llena de pecadores que están siendo santificados por el Espíritu de Dios de manera progresiva. Así que es fácil desilusionarnos al ver las faltas de los líderes, los hermanos, y los pastores que con sus pecados nos muestran que la iglesia no es perfecta. Sin embargo, esto no debe quitarnos la esperanza ni cambiar la perspectiva que debemos tener de la iglesia.

Tenemos la confianza de que la iglesia está siendo perfeccionada por Cristo: «Maridos, amen a sus mujeres, así como Cristo amó a la iglesia y se dio Él mismo por ella, *para santificarla*, habiéndola purificado por el lavamiento del agua con la palabra» (Ef. 5:25-26, énfasis añadido). El propósito de la entrega de Cristo por Su iglesia es santificarla. La iglesia aún no está santificada completamente, pero Cristo continúa Su obra en ella. Él no la abandona por su condición, sino que, como gran artista, con paciencia está tallando Su imagen en nosotros. Así que necesitamos ver la iglesia con los ojos de Cristo para comprender Su plan: «a fin de presentársela a sí mismo, una iglesia en toda su gloria, sin que tenga mancha ni arruga ni cosa semejante, sino que fuera santa e inmaculada» (v. 27).

Jesús está comprometido con Su iglesia y tiene un plan para ella en la eternidad. Como líderes de jóvenes, esto debe llenarnos de esperanza y confianza. Aunque ahora la iglesia no luce perfecta, el Señor está usando Su Palabra como instrumento de santificación (Juan 17:17) y está perfeccionando a la iglesia por medio del Espíritu Santo. Está completando así lo que inició en cada uno de los miembros que la conforman (Fil. 1:6). Así que no te desilusiones ni te desanimes al ver las imperfecciones de tus líderes o hermanos de la iglesia. Mira a Cristo y recuerda Su plan. Ama a la iglesia a pesar de sus imperfecciones.

Ama a la iglesia local al someterte a tus pastores

Una manera práctica de amar a la iglesia es ser una oveja que respeta y se somete a los pastores piadosos que Dios ha puesto sobre su vida. Los jóvenes aprenden del ejemplo, y si sirves entendiendo que el gobierno de la iglesia ha sido dado por Dios y que tu rol es apoyar e impulsar ese liderazgo para que honre a Dios, entonces los jóvenes seguirán tu ejemplo.

Es normal que como líder de jóvenes te sientas tentado a pensar que tus ideas son más efectivas y que tus pastores son obsoletos. Sin embargo, tu llamado es a dirigir en el camino trazado por tus pastores a los jóvenes que se te han encomendado y hacer esto sin orgullo de tu parte. Trae tus iniciativas a la mesa pastoral y déjate dirigir por tus pastores con gracia, porque así crecerás en una virtud del carácter cristiano difícil de encontrar en los líderes de jóvenes: la humildad. Recuerda que tus pastores han sido llamados por Dios y rendirán cuentas por todo el redil, incluso por ti: «Obedezcan a sus pastores y sujétense a ellos, porque ellos velan por sus almas, como quienes han de dar cuenta. Permítanles que lo hagan con alegría y no quejándose, porque eso no sería provechoso para ustedes» (Heb. 13:17).

Este texto tiene implicaciones para nuestra época de pastores conocidos en Internet. Muchos líderes de jóvenes que se exponen a las redes sociales están a la vanguardia de las tendencias doctrinales. En algunos casos, les dan prioridad a pastores en Internet y menosprecian a los pastores de la iglesia local. Cuida tu corazón de esto y evita arrastrar a tus jóvenes a caer en lo mismo. Sé intencional en cultivar una relación de respeto hacia tus líderes. Sé diligente en tener un corazón enseñable para que tus oídos estén prontos para aprender de tus pastores.

Ahora bien, si mientras lees estas recomendaciones te encuentras luchando con esta idea de sumisión en tu corazón, porque tu pastor no enseña la Palabra con fidelidad o no muestra un liderazgo bíblico, quiero animarte a que no tires la toalla con rapidez. Ora por tus pastores, trae tus inquietudes a ellos a la luz de la Palabra y sé paciente mientras oras para que Dios obre tanto en sus corazones como en el tuyo, hasta que Su voluntad sea clara para ti.

Advertencias para el líder de jóvenes

Es una gran bendición servir a Cristo al servir a los jóvenes de Su cuerpo. Sin embargo, es de suma importancia que Él sea el centro de nuestra labor. Por eso, luego de hablar sobre cómo debe ser nuestro amor por la iglesia, quiero compartir contigo tres advertencias que te ayudarán en tu caminar como líder de jóvenes.

No te conviertas en el centro del ministerio

En ocasiones, el líder juvenil puede ceder a la tentación de centrar sus iniciativas en su personalidad. Esto se evidencia cuando él es la única voz que se escucha, cuando la estabilidad del ministerio depende de su presencia, cuando solo sus ideas se llevan a cabo, cuando no se desarrollan nuevos líderes y cuando el número de asistentes a las reuniones son su medida de éxito personal.

En otras palabras, eres el centro del ministerio juvenil cuando lo usas para llevar a cabo *tus* propósitos y para avanzar *tu* agenda personal. Por el contrario, si enfocas tus esfuerzos en desarrollar un ministerio centrado en Cristo, entonces el propósito es muy diferente: se trata de mostrar a Cristo a través del servicio y proclamar Su evangelio de manera que los jóvenes sean formados a Su imagen.

No desarrolles una subcultura dentro de la iglesia

Si el ministerio juvenil no se traduce en un amor de los jóvenes por la iglesia local, entonces debes considerar si lo que estás haciendo es coherente con el plan de Dios para la iglesia. Si los jóvenes se identifican más con el ministerio juvenil que con las iniciativas generales de la iglesia, posiblemente se debe a que se encuentran en medio de una subcultura nociva.

Cuídate de caer en el error de hacer el ministerio juvenil tan atractivo, dinámico y «relevante» que los jóvenes no sientan ningún tipo de interés en involucrarse en el cuerpo de Cristo. Evita que solo quieran ser parte de la burbuja de los jóvenes. En mi andar como líder juvenil, he aprendido que crear una subcultura dentro de la iglesia es problemático por varias razones; entre ellas:

- *Crear una subcultura ocasionará una competencia innecesaria entre la agenda de la iglesia y la del ministerio de jóvenes.* Esto genera una confusión de identidad, ya que los jóvenes pueden llegar a pensar que su iglesia es el ministerio juvenil. La lealtad y el sentido de pertenencia se manifestarán a favor de su círculo y no a favor de todo el cuerpo de Cristo.

  ¿El resultado? Una división que no debería existir. Haz tu propio diagnóstico: observa cómo inician las comparaciones por los estilos musicales, los estilos de predicación, el entretenimiento en las reuniones juveniles versus lo «aburrido» de los servicios dominicales, y cuando menos lo pienses, te encontrarás siendo el catalizador de una división.

- *Crear una subcultura es alejar a los jóvenes de la influencia del liderazgo de los pastores de la iglesia.* Es natural que los jóvenes sientan más afinidad con quienes se parecen a ellos, quienes le predican en su propio lenguaje, quienes «los entienden», al sentir que solo pueden acudir a los líderes de jóvenes. Pero la verdad es que tus jóvenes necesitan la influencia de los pastores de la iglesia, quienes son llamados a velar también por ellos.

En algunos casos, los pastores cometen el error de delegar completamente a los líderes juveniles la responsabilidad de hablar a los jóvenes y animarlos en la fe, al punto de sentir que ellos no tienen una voz de peso. No permitas que esto suceda. Involucra a los pastores en las iniciativas y enseñanzas juveniles y rinde cuentas a ellos de todo lo que haces.

• *Crear una subcultura dentro de la iglesia dificulta la transición de los jóvenes a la adultez.* Es un error encapsular a los jóvenes en actividades del ministerio y las relaciones con otros jóvenes, al punto de que los privemos del deseo de crecer a la madurez. Rétalos a correr hacia la meta de la adultez. En lugar de que ellos vean en ti a un adulto «juvenil» —que a veces se traduce en infantil e inmaduro—, sé intencional en mostrar una madurez cristiana atractiva que los anime a desear crecer y convertirse en adultos piadosos.

Recuerda que el ministerio juvenil existe porque la iglesia local existe, y no al revés. La iglesia es el cuerpo de Cristo y los jóvenes son parte importante de ese cuerpo. Ninguna parte del cuerpo debe operar de forma independiente (1 Cor. 12:14-20).

No subestimes el privilegio de servir a la iglesia

Inicié este capítulo con el caso de mi amigo líder, que veía el servicio a los jóvenes como un escalón en su carrera ministe-rial. Ahora, quiero cerrarlo animándote a adoptar una visión más amplia del ministerio juvenil: te invito a verlo como una oportunidad gloriosa de servir al cuerpo de Cristo.

Si Dios te ha dado la gracia y los dones para dirigir ese remanente de jóvenes al que sirves en tu ministerio, hazlo con fidelidad y diligencia. No veas el ministerio juvenil como algo de segunda categoría, porque Dios no lo ve así. Muchos de esos jóvenes han sido comprados por la sangre de Cristo, y otros aún no lo conocen en verdad, así que sé fiel en ense-ñar el evangelio y acompaña tu enseñanza con una vida que muestre el carácter de Cristo (Fil. 2:5-11).

Mi encargo para ti es que enfoques todos tus esfuerzos en el ministerio juvenil hacia la edificación de la iglesia. No mires tu labor solo como una etapa transitoria para saltar al «ministerio real». ¡Ya estás en un ministerio real y que es un privilegio indescriptible! Así que centra tus iniciativas en Cristo y trabaja arduamente para ayudar a tus jóvenes a crecer en su entendimiento de la Escritura y el evangelio, para que ellos también amen y sirvan a la novia de Cristo, la iglesia.

Preguntas para discusión

- ¿Cómo explicarías la importancia de amar a la iglesia local? ¿Por qué a veces es tan difícil hacerlo y cómo nos ayuda el evangelio?
- ¿De qué maneras puedes aprender más de tus pastores y ser guiado por ellos en el ministerio a los jóvenes donde sirves?
- ¿Qué pasos puedes dar para evitar que el ministerio de jóvenes se convierta en una subcultura dentro de tu iglesia? ¿Por qué esto es tan importante?

CAPÍTULO 10

UN LÍDER QUE VIVE EN DISCIPULADO

Por Adrián Quijandría

Vayan, pues, y hagan discípulos de todas las naciones...
(Mat. 28:19)

El ministerio juvenil demanda que se organicen y ejecuten actividades, pero ese no es el fin de su existencia. No existe para simplemente proveer actividades y reuniones para los jóvenes, y es mucho más que solo un espacio atractivo de entretenimiento. Entonces, ¿para qué existe el ministerio juvenil en la iglesia?

El ministerio a los jóvenes es una oportunidad que Dios brinda a las iglesias para caminar de cerca con ellos y poder discipularlos para Su gloria. Por lo tanto, el discipulado no es opcional. Es una labor esencial para la vida cristiana, y de manera especial en el contexto de la juventud, que es una etapa de formación en la vida de toda persona. Un líder de jóvenes efectivo entiende esto y por eso vive en discipulado constante: no solo trabaja en formar discípulos, sino que al mismo tiempo camina como discípulo de otros creyentes maduros en la fe.

El discipulado es crucial en la vida cristiana, pues se trata de nada menos que un proceso intencional por medio del cual los cristianos maduros, en respuesta al llamado de Dios, ayudan a otros a cristianos a crecer en madurez espiritual a imagen de Cristo. Con esto quiero decir que solo aquellos que están siendo discipulados serán capaces, con la ayuda del Espíritu Santo, de discipular a otros. Aquellos cuyas vidas están siendo impactadas por otros serán instrumentos de Dios para ser capaces de impactar a otros para su bien y la gloria de Dios. Y al decir que el discipulado es un proceso *intencional*, debemos reconocer que ser y hacer discípulos no es algo que ocurre de manera natural. En cambio, va a requerir nuestro convencimiento y demandar fuerza de voluntad.

Es por todo esto que me atrevo a decir que llevar a cabo procesos de discipulado en el contexto del ministerio juvenil (aunque no se excluyen otros ministerios) no debe ser solo una parte, actividad o estrategia más del ministerio. *El discipulado es la esencia del ministerio juvenil, por lo que debemos ser intencionales en esta labor.* De hecho, una de las cosas que Dios me ha enseñado durante décadas sirviendo a jóvenes es que el discipulado no es algo que solo hacemos, sino más bien que vivimos. Es más que un programa, estrategia, actividad o curso en la iglesia. Es, por decirlo de alguna manera, una filosofía de vida que surge de la Biblia.

En estas páginas quiero invitarte a reflexionar en la importancia del discipulado en dos vías —hacer discípulos y ser discípulos—, al considerar bíblicamente por qué un líder de jóvenes efectivo vive en discipulado, y señalar los beneficios de vivir así.

Fundamentos para el discipulado

En la Biblia hay varios pasajes y ejemplos que nos hablan sobre el valor del discipulado. Estos son solo algunos de los textos bíblicos que han impactado mi vida al mostrarme la importancia de ser y hacer discípulos.

El discipulado en el Antiguo Testamento

El libro de Deuteronomio es fascinante. Describe el momento en el que una nueva generación de israelitas está frente a la tierra prometida, preparándose para entrar a ella. Dios les da instrucciones claves no solo para conquistarla, sino también para vivir allí. Encontramos las primeras en Deuteronomio 6:1-9, un pasaje clave en el Antiguo Testamento porque contiene el «gran mandamiento», y que afirma la necesidad y la importancia de formar a las nuevas generaciones:

> Estos, pues, son los mandamientos, los estatutos y los decretos que el SEÑOR su Dios me ha mandado que les enseñe, para que los cumplan en la tierra que van a poseer, para que temas al SEÑOR tu Dios, guardando todos Sus estatutos y Sus mandamientos que yo te ordeno, tú y tus hijos y tus nietos, todos los días de tu vida, para que tus días sean prolongados. Escucha, pues, oh Israel, y cuida de hacerlo, para que te vaya bien y te multipliques en gran manera, en una tierra que mana leche y miel, tal como el SEÑOR, el Dios de tus padres, te ha prometido.
>
> Escucha, oh Israel, el SEÑOR es nuestro Dios, el SEÑOR uno es. Amarás al SEÑOR tu Dios con todo tu corazón, con toda tu alma y con toda tu fuerza. Estas palabras que yo te mando hoy, estarán sobre tu corazón. Las enseñarás diligentemente a tus hijos, y hablarás de ellas cuando te sientes en tu casa y cuando andes por el camino, cuando te acuestes y cuando te levantes. Las atarás como una señal a tu mano, y serán por insignias entre tus ojos. Las escribirás en los postes de tu casa y en tus puertas.

Este pasaje no solo nos habla de lo que Dios demanda de nosotros y de lo único que es Él. También nos habla de transmitir a otros esta enseñanza mientras la aprendemos y atesoramos: implica un llamado a ser y hacer discípulos.

Además, no perdamos de vista uno de los detalles en este texto, y que nos dice mucho sobre el proceso de discipulado: este enseñar y recordar la Palabra a otros se da tanto en la formalidad como en la informalidad. Es decir, todo lugar, todo tiempo y toda ocasión son apropiados y útiles para aprender e instruir a otros. Incluso un encuentro inesperado en el ómnibus, o llegar minutos antes de iniciar una clase, es una buena oportunidad para aprender y enseñar a alguien más.

El discipulado desde la perspectiva de Jesús

Si bien la idea de tener discípulos —seguidores en los cuales invertirnos— no es original del mundo cristiano, fue el Señor Jesús quien le dio un nuevo brillo a este concepto. Ver al Señor como modelo de discipulado es fascinante, pues hay muchas cosas por aprender de Él en esta área, aunque lamentablemente y a menudo sea la persona menos tomada en cuenta en los procesos de discipulado.

Al igual que otros maestros, Jesús tenía Sus discípulos. Sin embargo, lo que rompió con el modelo de su tiempo fue que Jesús tomó la iniciativa de llamarlos y escoger a un grupo para que fuera más cercano a Él, y no fueron ellos quienes lo escogieron: «En esos días Jesús se fue al monte a orar, y pasó toda la noche en oración a Dios. Cuando se hizo de día, llamó a Sus discípulos y escogió doce de ellos, a los que también dio el nombre de apóstoles» (Luc. 6:12-13).

Aunque es obvio que hay grandes diferencias entre nosotros y Jesús (no podemos dar a otros la misma autoridad que Él dio a Sus apóstoles, por ejemplo), aquí nos modela ciertos aspectos innegociables en los procesos de discipulado. Primero, que escoger a quiénes vamos a discipular con mayor cercanía toma su tiempo; el Señor no escogió a Sus doce justo luego de iniciar Su ministerio. Segundo, antes de escoger quiénes serían Sus discípulos cercanos, Jesús pasó la noche en oración; la selección fue hecha en dependencia de Dios. Tercero, fue una selección con propósito: Jesús conocía la prioridad de tener una relación cercana con ellos.

Más adelante, leemos cómo Jesús les dice a las multitudes: «Si alguien viene a Mí, y no aborrece a su padre y madre, a su mujer e hijos, a sus hermanos y hermanas, y aun hasta su propia vida, no puede ser Mi discípulo. El que no carga su cruz y me sigue, no puede ser Mi discípulo» (Luc. 14:26-27). Aquí aprendemos que ser y hacer discípulos no es tarea fácil, pues demanda estar dispuesto a pagar un precio. Jesús no quiere *fans* enamorados; quiere discípulos: personas que estén dispuestas a seguirlo sin importar el costo, que comprendan que ser discípulo de Él demanda el compromiso de ponerlo por encima de todo, incluso de sus propias vidas. Esto es algo para dejar claro a las personas que vayamos a discipular y que debe llevarnos a caminar en humildad mientras somos discipulados.

Por supuesto, el famoso texto de la Gran Comisión es un pasaje que no puede faltar en nuestra reflexión:

> Acercándose Jesús, les dijo: «Toda autoridad me ha sido dada en el cielo y en la tierra. Vayan, pues, y hagan discípulos de todas las naciones, bautizándolos en el nombre del Padre y del Hijo y del Espíritu Santo, enseñándoles a guardar todo lo que les he mandado; y ¡recuerden! Yo estoy con ustedes todos los días, hasta el fin del mundo». (Mat. 28:18-20)

Aquí vemos que el discipulado forma parte esencial de nuestra misión como líderes e iglesias. Así que el ministerio juvenil y todo lo que hacemos en la iglesia debe tener la tarea de discipular mientras adoramos a Dios, y quienes llevan a cabo dicha tarea no son más que otros discípulos de Jesús que aprenden de otros creyentes.

El discipulado desde la perspectiva de Pablo

Aunque Jesús es nuestro modelo por excelencia y la meta a la que nos dirigimos, no podemos dejar de leer a Pablo y aprender de él. En su carta a los efesios, enseñó que los creyentes somos capacitados en la iglesia para servirnos unos a otros para nuestra edificación mutua, para que alcancemos la madurez espiritual, que es ser como Jesús (Ef. 4:11-13). De hecho, en otro de sus escritos enseña que su objetivo es «poder presentar a todo hombre perfecto en Cristo» (Col. 1:28), meta para la cual se esforzaba en dependencia de Dios (v. 29).

Otro texto clave sobre el discipulado, y que solemos pasar por alto, se encuentra en la carta a los gálatas, donde Pablo les dice: «Hijos míos, por quienes de nuevo sufro dolores de parto hasta que Cristo sea formado en ustedes» (Gál. 4:19). Este pasaje me ha acompañado durante años al ayudarme a tener una mejor comprensión de lo que significa ser y hacer discípulos. Nos recuerda que buscar ser como Jesús y ayudar a otros a ser como Él es un proceso que no solo demanda tiempo, sino que incluso es necesario estar dispuestos a sufrir.

Ventajas de ser y hacer discípulos

Eclesiastés es un libro bíblico interesante que muestra las reflexiones de alguien que, luego de un largo caminar en la vida, expresa sus conclusiones. Cada una de ellas es aplicable no solo a la vida, sino también al ministerio, incluida esta lección útil para el discipulado:

> Más valen dos que uno solo,
> Pues tienen mejor pago por su trabajo.
> Porque si uno de ellos cae, el otro levantará a su compañero;
> Pero ¡ay del que cae cuando no hay otro que lo levante!
> Además, si dos se acuestan juntos se mantienen calientes,
> Pero uno solo ¿cómo se calentará?
> Y si alguien puede prevalecer contra el que está solo,
> Dos lo resistirán.
> Un cordel de tres hilos no se rompe fácilmente. (Ecl. 4:9-12)

Con esta realidad en mente, para finalizar este capítulo quiero invitarte a reflexionar desde mi experiencia en dos de los beneficios de ser y hacer discípulos.

Ayuda para el crecimiento

Una de las cosas más bellas que el liderazgo juvenil me ha brindado son los amigos. He sabido disfrutar de la compañía de personas que me brindaron su ayuda para seguir adelante y no desmayar. Muchos de ellos aportaron con su experiencia y conocimiento a proyectos que, sin su ayuda, nunca se habrían concretado.

Pienso, por ejemplo, en Pancho, un líder juvenil al que conocí en el esplendor de su ministerio nacional como pastor y predicador. Dios lo usó para que muchos sueños acumulados por años pudieran llevarse a cabo. Recuerdo estas palabras suyas: «Escribe lo que hay en tu corazón, que yo me encargaré de presentarlo por ti a las personas indicadas». Aunque Pancho ya no está entre nosotros, yo como líder no habría podido lograr muchas cosas sin su ayuda desinteresada y humilde, la cual puso al servicio y por los sueños de otros.

Eso hacen los referentes en tu vida: te brindan apoyo y oportunidades de crecimiento. Se la juegan por ti delante de otros que no te conocen o te conocen poco. Te aconsejan y confrontan con firmeza y amor cuando es necesario. Te empujan y alientan en la carrera que tienes por delante. El éxito, si el término lo vale, es mejor cuando se logra en compañía y con la ayuda de otros. El líder efectivo reconoce esto, busca este discipulado y se dedica también a la nueva generación. El liderazgo espiritual se resume en ayudar a otros a crecer.

Compañía en la dificultad

Necesitamos personas que puedan brindarnos su respaldo en los momentos más difíciles de nuestra vida y ministerio; que puedan animarnos cuando estamos desanimados; que puedan brindarnos confianza cuando otros no creen en lo que Dios puede hacer en nosotros. Personas que nos recuerden siempre el evangelio y nos acompañen en las trincheras.

Empecé en el ministerio a los 28 años de edad, cuando «fui lanzado a la piscina sin saber nadar». Entonces empezaron las dificultades: mucho por hacer y cero experiencia. Pronto tuve que hacer frente a las críticas de todos aquellos con quienes servía. Ellos tenían ciertas expectativas y, a pesar de tener un gran corazón, no tenía idea de cómo sus opiniones me afectaban. Muchas veces iba a las reuniones de jóvenes a servir desanimado. Le pedía al Señor que me diera fuerzas para no rendirme y continuar con la carrera.

Entonces, Dios puso a mi lado a personas de las que pude recibir aliento. El primero fue Roger, el pastor de la iglesia, quien me dio el ánimo que todo líder novato necesita. El segundo fue Juan, quien me recordó que, a pesar de mi inexperiencia, Dios conocía mi corazón y podía usarme para bendecir a otros. El último fue Alex, a quien Dios usó para abrirme puertas a espacios que nunca pensé tener.

Ahora bien, espero que como líder de jóvenes también puedas nombrar a personas así para ti, tus «Roger», «Juane» y «Alex». Si no los tienes, ¿por qué no orar por ellos y buscarlos? En mi experiencia, un líder que no busca ser discipulado es una tragedia en potencia. Vivir en discipulado hará que no estemos solos en las crisis de la vida y en el ministerio.

Si estás leyendo este libro, deberías saber (si todavía no lo sabes) que en el liderazgo cristiano se enfrentan luchas fuertes. En algunas saldrás vencedor y en otras derrotado, cuando las críticas vengan, las cosas no resulten como esperabas y el dolor de ver a jóvenes apartarse de la fe te golpee. Vivir mis derrotas en compañía de otros ha sido y es lo más seguro para mí, y puedes tener certeza de que también será lo más seguro para ti.

De hecho, el tiempo no alcanzaría para hablarte de Félix, quien me acompañó en la crisis más grande que he tenido en mi liderazgo, cuando sentía que todo estaba perdido para mí y que estaba equivocado en todo lo referente a mi llamado. Tampoco alcanzaría para hablarte de otros hombres que hoy me siguen discipulando y enseñando a amar más a Dios. Pero si algo quiero transmitirte es que las batallas más duras se libran mejor en compañía de otros. Los líderes de jóvenes efectivos siempre son discípulos y entienden que «Más valen dos que uno solo [...]. Porque si uno de ellos cae, el otro levantará a su compañero» (Ecl. 4:9-10).

Por eso también son hacedores de discípulos, porque los jóvenes a los que somos llamados a servir necesitan tanto ayuda para el crecimiento como compañía en las dificultades que enfrentan. Las estadísticas no mienten cuando señalan que la generación actual de jóvenes vive sumida en ansiedades, confusiones de todo tipo, soledad y frustraciones. Así que lo que más necesitan tus jóvenes de tu parte no es que simplemente organices actividades; es que camines de cerca con ellos para ayudarlos a seguir a Jesús y crecer a Su imagen.

Ser y hacer discípulos es uno de los desafíos más grandes que podrás tener. Demandará de ti humildad para aprender, y gracia y firmeza para enseñar. Traerá alegrías, como cuando veas crecimiento en ti y en otros; y también tristezas, como cuando tu pecado sea confrontado, o cuando seas herido por alguien a quien discipulas o tengas que confrontarlo en amor. Pero nunca dudemos de que esta tarea es una parte ineludible de nuestro llamado para nuestro crecimiento, la edificación de la iglesia y la gloria de Dios.

Si estamos dispuestos a ser discipulados y discipular a otros en dependencia de Dios, confiemos en que Él nos dará la gracia y la valentía necesarias para esto.

Preguntas para discusión

- ¿Por qué el discipulado es tan importante según la Biblia y qué puedes hacer para priorizar una cultura de discipulado en tu ministerio?
- ¿Quiénes son las personas que te están discipulado y qué estás aprendiendo de ellas? Si todavía no tienes a personas así, ¿qué puedes hacer para buscar este tipo de relación?
- ¿Quiénes son los jóvenes a los que estás discipulando más de cerca y por qué? ¿De qué maneras puedes ayudarlos a crecer en su fe? Si todavía no has escogido a algunos jóvenes con los cuales tener un discipulado más cercano, ¿qué te lo ha impedido y por qué?

CAPÍTULO 11

UN LÍDER SIN TEMOR AL HOMBRE

Por Josué Barrios

El temor al hombre es un lazo,
Pero el que confía en el SEÑOR estará seguro.
(Prov. 29:25)

N o estoy seguro de si empezar este capítulo citando un chiste clásico de Jerry Seinfeld. (¿Qué pensarás después sobre mí? ¿Que no sé cómo iniciar un capítulo? ¿Que soy mundano al citar a un comediante secular?). Pero, como este capítulo se trata del temor al hombre —y como lo necesito tanto como tú—, venceré mi temor a que la siguiente cita no te haga reír y opines cosas que de mí que no quisiera que pensaras. En un especial de comedia, Seinfeld comenta:

> Vi un estudio que dice que hablar frente a un público es considerado el temor número uno de la persona promedio. Me resultó asombroso. El temor número dos era a la muerte. ¡La muerte es el número dos! Eso significa, para la persona promedio, que si tienes que estar en un funeral, estarías mejor en el ataúd que dando unas palabras sobre el fallecido [risas y aplausos del público].[1]

---

1. Jerry Seinfeld, *I'm Telling You For The Last Time* (1998).

No es difícil entender por qué esta idea puede resultar divertida para muchas personas (me incluyo). Revela una realidad de la que preferimos reírnos, cuando no podemos ignorarla, antes que reflexionar en ella por lo incómoda que es y lo que revela de nosotros.

Una trampa mortal

Todos conocemos el temor a equivocarnos ante otras personas por lo que vayan a opinar de nosotros, y el temor a ser rechazados y menospreciados.[1] Tenemos una idea de qué es eso a lo que la Biblia llama «temor al hombre», cuando dice: «el temor al hombre es un lazo, pero el que confía en el SEÑOR estará seguro» (Prov. 29:25).

La palabra traducida aquí como *lazo* se refiere a una trampa para animales. La idea que transmite es que el temor al hombre es atrapante. Nos impide respirar y movernos. Nos drena la vida y quita toda libertad verdadera. En otras palabras, decir que tienes este temor no es tan preciso como decir que este temor *te tiene a ti*. Piensa por un momento: ¿Qué puede ser más agotador y esclavizante que buscar agradar a gente pecadora e inconsistente como tú? Estamos hablando de gente que no puede darte la aprobación máxima que todos anhelamos, y que además cambia de opinión todo el tiempo (como nos recuerda la cultura de la cancelación, cuando hoy vemos cosas que antes la gente aplaudía pero ahora «cancela»).

---

1. Aunque el temor al hombre supone también el temor a ser dañados físicamente, en estas páginas queremos enfocarnos más bien en las dimensiones sociales, por decirlo de alguna manera, del «temor al hombre». Esto quedará más claro a lo largo del capítulo.

Ver el temor al hombre como una trampa también nos enseña que puede disfrazarse con facilidad. Las trampas son trampas precisamente porque están camufladas, por lo que debemos estar alertas a ellas. ¡Es tan fácil justificar y excusar nuestro temor al hombre! Podemos excusarlo al decir que buscamos «tener buen testimonio ante los demás». También podemos justificar nuestra autopromoción «ministerial» al afirmar que buscamos servir al Señor, cuando en realidad lo que más queremos es ser vistos y admirados. De hecho, vivimos en una cultura que fomenta y normaliza el temor al hombre. Podemos observarlo en las redes sociales y cómo están diseñadas para hacernos adictos a la aprobación social y aprovechar esto para su beneficio económico.[1] A decir verdad, podríamos llenar este libro con ejemplos de cómo se disfraza esta trampa en nuestros días.

Al mismo tiempo, la idea de «temor» en la Biblia implica ver a algo como grande, temible, asombroso, y al mismo tiempo depositar tu confianza en eso. Por eso el *temor del Señor* es el principio de la sabiduría (Prov. 1:7). Así que el temor al hombre puede explicarse como lo plantea el consejero cristiano Edward Welch: *es cuando vemos a las personas grandes y a Dios pequeño.*[2] Caemos en la trampa del temor al hombre cuando somos gobernados por el deseo de agradar a las personas y ser admirados por ellas; cuando eso llega a importarnos más que Dios.

---

1. Esta es una idea que desarrollo con más profundidad, mientras examino sus consecuencias, en el segundo capítulo de mi libro *Espiritual y conectado: Cómo entender y usar las redes sociales con sabiduría bíblica* (Nashville, TN: B&H Español, 2022).

2. Edward T. Welch, *When People Are Big and God is Small: Overcoming Peer Pressure, Codependency, and the Fear of Man* (Greensboro: New Growth Press, 2011; edición para Kindle).

Este temor puede estar detrás de nuestras palabras y acciones, más de lo que estamos dispuestos a admitir. Tan solo piensa en cómo impulsa a incontables personas a presentar y mantener ante los demás una imagen editada de sus vidas en las redes sociales o fuera de ellas. Mira cómo nos empuja a mentir para ganar la admiración de otros, o cómo nos lleva a vivir infelices y distraídos cuando nos preocupamos en exceso por lo que los demás opinan de nosotros. Considera cómo este temor nos impide decir «no» a una invitación o una solicitud de alguien más, llevándonos a asumir compromisos en exceso, o cómo nos debilita espiritualmente al impedirnos confesar nuestros pecados a un hermano que pueda aconsejarnos con la Palabra.

Piensa también en cómo el temor al hombre nos empuja a ser fariseos modernos: nos lleva a comportarnos como piadosos en público y señalar nuestra virtud, mientras que en lo privado no vivimos para Dios. Incluso nos lleva a ser más odiosos, al tentarnos a señalar y condenar las fallas de otros para elevarnos como personas más virtuosas y justas. Considera también cómo este temor nos empuja a cambiar nuestras convicciones por la presión de los demás, y cómo nos impide hablar de la Biblia y el evangelio a los no creyentes.

Ahora bien, si en la vida cristiana el temor al hombre es mortal, ¿cuánto más en el liderazgo cristiano, que debe modelar el temor solo a Dios? Muchas personas (en especial, los jóvenes) tienen olfato para detectar tarde o temprano cuando un líder es cobarde o hipócrita por su deseo de caerles bien a todos. El líder espiritual presa del temor al hombre no puede liderar en verdad con ejemplo y servicio sacrificial a otros. Más bien, se sirve de los demás (como veremos en breve) y carece de credibilidad para confrontar el pecado y llamar a otros a atesorar a Cristo. Lo sé porque por momentos fui ese líder en el pasado y es una tentación en el presente.

No es extraño que Pablo escribiera: «¿Busco ahora el favor de los hombres o el de Dios? ¿O me esfuerzo por agradar a los hombres? Si yo todavía estuviera tratando de agradar a los hombres, no sería siervo de Cristo» (Gál. 1:10). En otras palabras, no podemos tener a Cristo como Señor si dejamos que otras personas sean «señores» para nosotros, cuando vivimos para obtener su aprobación.

Además, no creas que por tener años como creyente ya eres libre de caer en esta trampa. Este fue el temor que llevó al apóstol Pedro a negar a Jesús tres veces en una noche, y que años después lo hizo tropezar en la fe y ser también de tropiezo para otros (Gál. 2:11-15). Este fue el temor que hizo caer del trono a Saúl, cuando le importó más el «me gusta» de la gente que el «me gusta» de Dios (1 Sam. 15:24). Y este es el temor que puede hacerte fallar a ti también como líder de jóvenes.

Es por eso que en el resto de este capítulo quiero invitarte a reflexionar en la *esencia* del temor al hombre y en la *extinción* del mismo, para que entendamos mejor por qué esta trampa es tan mortal y cómo podemos ser libres de ella.

La esencia del temor al hombre

Cuando consideramos la enseñanza bíblica sobre el temor al hombre, podemos ver que se trata de idolatría. Defino esta idolatría así: el temor al hombre es el pecado de *escuchar* a los hombres antes que a Dios (1 Sam. 15:24), *confiar* en los hombres antes que en Dios (comp. Jer. 17:5-8) y *buscar la gloria* que viene de los hombres antes que la gloria de Dios (comp. Juan 5:44).

Este temor nació en la caída, en Génesis 3. Cuando dejamos de dar a Dios el primer lugar en nuestras vidas, es fácil que lo empiecen a ocupar otras personas. ¿Por qué esto es así? Porque fuimos hechos para ser adoradores (comp. Isa. 43:7); es decir, para tener algo en primer lugar en nuestros corazones. Al mismo tiempo, Dios nos hizo de tal forma que sentimos alegría cuando somos aprobados por alguien más (¡Él inventó la dopamina que fluye en nosotros cuando eso ocurre!). Esto no es malo. Fuimos hechos para agradar a Dios y gozarnos en caminar con Él y que nos diga «siervo [...] fiel» (Mat. 25:23). Pero nuestro pecado ha distorsionado todo esto. Apartados de Dios, sentimos que necesitamos justificar nuestra existencia de alguna manera.

Tenemos un profundo vacío de falta de seguridad y sentido de propósito, para lo cual la aprobación social es un sustituto. Por eso hacemos cálculos constantes para nuestras acciones y palabras, pensando en lo que dirán o harán los demás al respecto. ¿Cuál es el resultado de esto? Nos impide ser libres en verdad y amar sinceramente a las personas. En palabras de Welch, «con respecto a otras personas, nuestro problema es que las necesitamos (para nosotros) más de lo que las amamos (para la gloria de Dios). La tarea que Dios nos pone es necesitarlas menos y amarlas más».[1]

Tenemos un ejemplo del peligro de esto en el Evangelio de Juan (cap. 5). Allí Jesús nos explica por qué los fariseos no creían en Él, cuando dice: «¿Cómo pueden creer, cuando reciben gloria los unos de los otros, y no buscan la gloria que viene del Dios único?» (v. 44). Estas palabras nos ayudan a entender por qué hoy hay tanto cristianismo superficial, con muchas personas y líderes que dicen seguir a Cristo pero que no demuestran el fruto del Espíritu Santo. ¿Cómo creer en verdad en Jesús y crecer en comunión con Él si vivimos

---

1. Edward T. Welch, *When People Are Big and God is Small*, ubic. 2472.

persiguiendo nuestra propia gloria en el mundo, en la iglesia, en redes sociales, etc.?

Los fariseos *necesitaban* a otras personas para su gloria, para tratar de saciar su sed de seguridad personal. Ellos hacían esto en vez de *amar* a las personas, es decir, en vez de buscar primero la gloria de Dios al reconocer a Cristo para entonces compartir Su palabra con otros necesitados de gracia. Ellos se preocupaban por el qué dirán y por eso rechazaron a Cristo. Frente a la predicación del Señor, se sintieron expuestos en su falta de santidad real, así que quisieron condenarlo. También querían mantener un lugar privilegiado ante el pueblo y Roma, colocando su confianza en los hombres. Por todo esto no pudieron creer en el Salvador.

Los fariseos nos recuerdan que es posible creer que somos temerosos de Dios, cuando en realidad nos engañamos a nosotros mismos y buscamos nuestra gloria en vez de la gloria de Dios, al ser presas del temor al hombre. Ellos son una prueba de que la fe no puede crecer en un corazón enfocado en la aprobación humana, y este es uno de los problemas más grandes en la iglesia hoy, cuando muchas personas desean fama e influencia y vemos tanta autopromoción en el cuerpo de Cristo. Actitudes que son claramente vanidosas y egocéntricas ahora son normales en el mundo y la iglesia.

Piensa, por ejemplo, en cómo tenemos a líderes de jóvenes más interesados en ser *influencers* y famosos que en ser siervos fieles en sus iglesias, incluso si eso implica mayor anonimato. Esta es una tentación para mí, y apuesto a que en algún punto lo será para ti, si todavía no lo es. Pero la «influencia» que el mundo valora nunca será suficiente. De hecho, cuando pasas tiempo buscando la gloria de los hombres, es normal que descuides la intimidad con Dios en lo secreto (comp. Mat. 6:5-6). Entonces empiezas a vivir una doble vida: una en la iglesia, en redes sociales, o en público; y otra descuidando en lo privado tu relación con Dios. Así es más fácil que llegue la caída moral, y luego los cristianos nos sorprendemos de los líderes que parecían ser piadosos y usados por Dios, pero que se apartan de la fe o caen en pecados notorios que les quitan credibilidad. A decir verdad, ¿qué estábamos esperando?

Es crucial que los líderes de jóvenes entendamos que no somos llamados a buscar nuestra propia gloria siendo gobernados por el temor al hombre. Ni siquiera en nombre de «compartir el evangelio», «alcanzar a los jóvenes» o «ser buenos mayordomos de la influencia que tenemos». Un millón de «me gusta», aplausos, palmadas en la espalda y elogios de los demás jamás saciarán nuestras almas. No fuimos hechos para eso, sino para estar satisfechos en Dios. Lo cual nos lleva a nuestro último punto: ¿No quisieras ser libre de esta esclavitud?

La extinción del temor al hombre

Nuestra generación es la más brillante y sofisticada en toda la historia y por fin llegó a la solución para nuestra ansia de aprobación social: ignora lo que otros digan de ti y recuerda que ya vales mucho. (¿Cómo fue que a las generaciones pasadas no se les ocurrió esta genialidad?). Es sencillo: Cree en ti mismo. Reconoce tu propio valor. Aprende a quererte por lo que ya eres. *Tienes que rugiiiiiir*, como dice Daniel Habif en su intento sincero por ayudar a las personas a vivir con más valentía.

Excepto que espero que la ironía sea evidente en ese párrafo anterior porque, en lo profundo de nosotros, sabemos que eso no es lo que más necesitamos. La solución verdadera al temor al hombre no es quitar a otras personas del centro y ponernos a nosotros. *La solución es poner a Dios allí*, porque ponernos a nosotros mismos también es temor al hombre (es decir, idolatrarnos a nosotros).

A pesar de nuestro valor por ser hechos a la imagen de Dios, en nuestro interior (y a veces en el primer plano de nuestros pensamientos, en momentos de lucidez) sabemos que somos inconsistentes, pequeños y que no podemos confiar plenamente en nosotros. Por eso la autoayuda al final no ayuda y la búsqueda de autoestima que promueven los gurús de desarrollo personal es una ilusión que no hace más que inclinarnos al narcisismo.

Al mismo tiempo, para el creyente verdadero, y más aún para el líder cristiano, no es una opción dejar de interesarnos en agradar a los demás. Eso último parece contradecir a primera vista todo este capítulo, ¿no es cierto? Pero Pablo, quien no podía ser siervo de Cristo si buscaba agradar a la gente, escribió: «yo procuro agradar a todos en todo» (1 Cor. 10:33). ¿Qué significa eso? ¿Estamos frente a un caso de bipolaridad apostólica o algo así? No. Mira el contexto en el que escribió eso:

> Entonces, ya sea que coman, que beban, o que hagan cualquier otra cosa, háganlo todo para la gloria de Dios. No sean motivo de tropiezo ni a judíos, ni a griegos, ni a la iglesia de Dios; así como también *yo procuro agradar a todos en todo, no buscando mi propio beneficio, sino el de muchos, para que sean salvos.* (1 Cor. 10:31-33, énfasis añadido)

Te animo a buscar un buen comentario bíblico que te ayude a profundizar en este pasaje, pero aquí te invito a prestar atención a la meta de Pablo al buscar agradar a los demás. Considera este contraste:

- El temor al hombre se trata de agradar a otros para *nuestro propio beneficio* al usar a las personas en vez de amarlas. Esto nos impide ser siervos de Cristo, porque nos ponemos a nosotros y a otros en primer lugar antes que a Dios.

- Por otro lado, el temor a Dios nos lleva a buscar agradar a todos en todo (en la medida de lo posible y sin renunciar a nuestras convicciones o personalidad), pero no para nuestro beneficio. En cambio, lo hacemos *para el beneficio de ellos*. Buscamos agradarles para ser de buen testimonio a sus vidas y ayudarlos a conocer y crecer en el evangelio. Esto es amar a las personas en vez de utilizarlas. Esto glorifica a Dios.

En otras palabras, debemos valorar *primero* lo que Dios dice y dejar que Su evangelio nos lleve a servir a los demás sin poner obstáculos en nuestras vidas para que otros conozcan a Dios y lo adoren. Es decir, si los jóvenes van a rechazar nuestro liderazgo espiritual, que nunca sea por una falla o tropiezo innecesario en nosotros, sino por sus propios corazones incrédulos. Nuestro fin es buscar la salvación y el crecimiento espiritual de otros para que alaben a Dios por siempre. De hecho, aunque Pablo quería agradar a todos en lo posible para no traer tropiezos a su ministerio, no quería que la gente pensara de más sobre él (2 Cor. 12:6), sino que atesorara más a Dios. ¿Alguna vez has reflexionado en lo radical que es esto? Es sencillamente contrario a cómo vivimos. «La mayoría de las personas va por la vida con miedo a que la gente no piense lo suficiente de ellas; Pablo iba por la vida con miedo a que la gente pensara demasiado de él».[1]

---

1. D. A. Carson, *Memoirs of an Ordinary Pastor* (Wheaton, IL: Crossway, 2018), 131.

Ahora bien, ¿por qué Pablo podía vivir sin necesitar la aprobación de la gente? Porque tenía una visión grande de Dios. La clave para que el temor a los hombres sea extinguido en nosotros es crecer en nuestro temor a Dios: es buscar ver a Dios tan grande como realmente es, para que así veamos a las personas y a nosotros como realmente somos, pequeños y necesitados de Su gracia.

Por lo tanto, necesitamos humillarnos ante Dios para empezar a verlo grande y ser libres del temor a los hombres. Él lo explicó así a Israel: «Yo, Yo soy su consolador. ¿Quién eres tú que temes al hombre mortal, y al hijo del hombre que como hierba es tratado?» (Isa. 51:12). En otras palabras, *¿quién te crees que eres para temer al hombre?* De esta manera, la Biblia nos enseña que el temor al hombre es producto del orgullo humano. ¿No te parece extraño? Uno podría pensar que el temor al hombre es un síntoma de humildad, pero Dios dice lo opuesto. El temor al hombre es fruto de pretender que *nuestra* visión distorsionada sobre las personas es más confiable que la visión que Dios tiene sobre nosotros.

Nuestro orgullo es entonces asesinado cuando atesoramos a Cristo, cuando entendemos Su evangelio y reconocemos que somos pecadores amados infinitamente y redimidos por gracia. Así conocemos a un Dios majestuoso, que puede satisfacernos como nada más en este mundo. Necesitamos recordar que Cristo vivió sin temer a las personas, una vida perfecta en nuestro lugar, para redimirnos al morir por nosotros y que ahora solo temamos a Él. Necesitamos recordar el precio que Cristo pagó por nuestra salvación para que así vivamos seguros al saber que Dios está a nuestro favor.

Seguros en Cristo

De vuelta a Pablo, él no solo no veía la opinión de los demás como lo más importante, ¡sino que tampoco veía así lo que él pensara de sí mismo! En cambio, lo más fundamental era el veredicto de Dios (1 Cor. 4:3-4).[1] Él es el Rey soberano, justo y amoroso cuyo veredicto cuenta para siempre y lo cambia todo: *¡Perdonado en Cristo! ¡Justificado en Cristo! ¡Adoptado en Cristo!* (Rom. 5:1; Juan 1:12). Y como suelo decir, cuando tenemos el «me gusta» de Dios en Cristo dejamos de vivir para el «me gusta» de los demás.

Así podemos servir con sinceridad a nuestros jóvenes y modelar un liderazgo íntegro. Así podemos amarlos en vez de pretender usarlos (¡lo que más odian los jóvenes es darse cuenta de que solo son usados!). Así dejamos de ser esclavos de las opiniones de los demás, y al mismo tiempo estamos dispuestos a renunciar con gozo a muchas libertades con tal de acercarnos en humildad a ellos, sin obstáculos de nuestra parte, para escucharlos y hablarles la verdad en amor.

Entonces, mientras el temor al hombre consiste en escuchar a las personas antes que a Dios, la libertad de este temor está en profundizar en el evangelio y escuchar a Dios antes que a los hombres y buscar Su gloria. Él nos da una gloria mayor que la de los hombres al hacernos Sus hijos por gracia y sentarnos a Su mesa (1 Jn. 3:1). En Él podemos vivir seguros incluso aunque tengamos muchos enemigos. ¿No es esto lo que experimentó David y lo libró del temor a los demás (Sal. 27)? ¿O lo que Pedro escribió mucho después a la iglesia para animarla a ser valiente frente a la oposición del mundo (1 Ped. 1:1-3 14-15; 3:13)?

---

1. Timothy Keller, *The Freedom of Self Forgetfulness: The Path to True Christian Joy* (10Publishing, 2012).

Sí, Pedro aprendió mejor esta lección luego de sus fracasos. Es mi oración que nosotros como líderes también la aprendamos y que seamos guardados de esta trampa. Que Dios nos ayude a recordar siempre que «el temor al hombre es un lazo, pero el que confía en el SEÑOR estará seguro» (Prov. 29:25), porque cuando tememos a Dios no tememos a nada más. Ni siquiera a hablar en público.

Preguntas para discusión

- ¿En cuáles áreas de tu vida y liderazgo eres tentado al temor al hombre y por qué?
- ¿Cómo describirías la forma en que el temor al hombre es nocivo para el liderazgo juvenil?
- ¿Cómo recordar el evangelio puede ayudarte a vencer este temor y cuáles pasos prácticos puedes dar para buscar vivir más seguro en Dios?

CAPÍTULO 12

UN LÍDER TRANSFORMADO POR LA CRUZ

Por Leo Meyer

Y por todos murió, para que los que viven, ya no vivan para sí,
sino para Aquel que murió y resucitó por ellos.
(2 Cor. 5:15)

Hace un par de décadas, me atreví a invitar a algunos cantantes populares entre los jóvenes al primer campamento nacional que organizábamos en el ministerio, cuando servía como líder juvenil nacional para una denominación cristiana en mi país. Cuando recuerdo todo el trabajo de aquellos días, es difícil olvidar la forma en que un cantante respondió altivamente cuando pude hablar con él en persona para extenderle la invitación: «¡Bueno, que ellos vengan adonde yo estoy!».

Para ser sincero, sus palabras no fueron el problema. Pero los gestos faciales y el tono de voz que las acompañaron revelaron un aspecto que desconocía de esta figura de la música evangélica. La vergüenza ajena y el asombro estaban en el semblante de los demás artistas y servidores presentes cuando él dijo eso. Fue un momento embarazoso. La actitud arrogante de este líder empañó su testimonio.

¿Has tenido experiencias parecidas? Me refiero a esas en donde alguien que se supone debería mostrar una actitud humilde deja boquiabiertos a los demás con su conducta engreída. Es probable que sí. No obstante, si somos sinceros, tú y yo no estamos libres de culpa. Hay momentos en que el orgullo toma el timón de nuestras vidas mucho más de lo que quisiéramos y pecamos contra Dios dando un mal testimonio del evangelio a los jóvenes que servimos.

¿Por qué ocurre esto? ¿Por qué a veces los líderes cristianos actúan de manera arrogante en vez de reflejar en sus palabras y acciones el carácter servicial de Jesús? Lo que he visto en mi experiencia formando a líderes juveniles es que muchos conocen el evangelio lo suficiente como para predicarlo a los demás, pero no lo necesario como para ver sus ministerios y vidas moldeadas por él.

Si deseamos complacer a Dios y tener un impacto duradero en la vida de aquellos adolescentes y jóvenes que Él ha puesto a nuestro cargo, nuestra forma de vivir debe ser coherente con el mensaje que proclamamos.

Ya leíste sobre esto a lo largo de este libro, a medida que los otros autores hablaron sobre el carácter del líder de jóvenes desde diversas perspectivas. Sin embargo, en este último capítulo, quiero alentarte a reflexionar de manera más puntual en que el líder efectivo no se caracteriza en primer lugar por ser popular, carismático o tener a muchos jóvenes en las reuniones (entre otras características superficiales que a nuestros ojos representan el éxito). En cambio, se identifica por un carácter cada vez más humilde y servicial.

Para vivir de esa forma, debemos recurrir al modelo perfecto, que es Cristo, y al mensaje de poder y cambio, que es el evangelio.

El modelo perfecto

Jesús es la figura central del mensaje del evangelio, nuestro Salvador y Señor. Es indiscutible que Él es el líder más efectivo de la historia. Cristo venció el pecado y la muerte, nos dio vida eterna por medio de Su obra, y fue el pionero de un movimiento que ha trascendido los siglos y sigue transformando vidas en la actualidad. Pero Jesús también ha sido constituido como el patrón perfecto al que nuestras vidas deben adaptarse (Ef. 4:13). Así que debemos preguntarnos: *¿qué fue lo que más caracterizó al líder más extraordinario que jamás haya existido?*

La respuesta está ilustrada en lo que Él hizo poco antes de ser entregado. A solo horas de la crucifixión, el aposento alto acogía a los doce discípulos en una escena para recordar durante toda su vida. Es la última reunión de Jesús con ellos antes de ir a la cruz. Aunque ellos no lo entendían, ya el grupo había sido informado por el mismo Maestro de que Él debía padecer, morir y resucitar. Entonces ocurre lo inimaginable: Jesús se ciñe una toalla y lava los pies de Sus discípulos (Juan 13:4-5).

¡Pedro no lo podía creer ni aceptar! Parece que los demás apóstoles, asombrados por el acto, quedaron sin palabras. La tarea más baja, destinada para los esclavos de la época, fue realizada por el más alto de todos los altos en esta tierra y en la eternidad. Cristo quiebra el molde de la arrogancia de este mundo y nos muestra que la humildad es la virtud distintiva del cristiano. Por tanto, si decimos seguirlo, seremos intencionales en aprender de Él, quien es *manso* y *humilde* (Mat. 11:29).

Pero en esta escena no solo vemos la humildad de Cristo, sino también Su actitud de *servicio*. La humildad encuentra pies y manos —por decirlo de alguna manera— en las actitudes y el servicio a los demás. Así es como se expresa. La exhortación del Señor es precisa: «Pues si Yo, el Señor y el Maestro, les lavé los pies, ustedes también deben lavarse los pies unos a otros. Porque les he dado ejemplo, para que como Yo les he hecho, también ustedes lo hagan» (Juan 13:14-15).

Jesús espera que lavemos los pies de otros, es decir, que sirvamos con humildad a nuestros jóvenes y adolescentes, los cuales viven en medio de una generación caracterizada por un estilo de vida egoísta y una falsa jactancia moral. De hecho, nuestro carácter es puesto a prueba de manera constante en el ministerio, por lo que siempre estamos en ocasiones en las que se evidenciará ante nuestros jóvenes y la iglesia si nos caracterizamos por la humildad y el servicio, o no.

Pienso por ejemplo en Félix, uno de los líderes juveniles del grupo de adolescentes de la iglesia. Él es un cristiano fiel que había ganado diversos premios internacionales por su labor como director creativo. Su trabajo es conocido en nuestra nación por los anuncios publicitarios televisivos y exitosos que ha producido. ¡Sus dones son una gran bendición para el ministerio! Un sábado, preparó una presentación creativa, con todo el potencial que lo caracteriza, para enseñar sobre un tema a los adolescentes. Como de costumbre, puso todo su empeño para instruirlos en la Palabra. Pero al final de la clase, vino la decepción. Félix conversaba con uno de los muchachos y le preguntó: «¿Qué te pareció la enseñanza de hoy?». La respuesta del joven golpeó a mi amigo: «Bueno... ¿es que ustedes no tienen creatividad?».

Félix amaba a este joven y dio lo mejor de sí, pero sin importar cuánto nos esforcemos en el ministerio en fidelidad al Señor, de este lado de la gloria siempre tendremos que lidiar con críticas (algunas injustas y otras no) y con personas a las que no les gusta lo que hagamos. Es en momentos como esos en que la humildad encuentra su gimnasio y debemos aprovechar la oportunidad para depender del Señor a fin de modelar Su carácter y reflejarlo a los demás.

En momentos así, tenemos que reconocer que el Señor orquestó la circunstancia para que apliquemos lo que hemos aprendido de Él. Esa formación determinará incluso la forma en que saludamos a los jóvenes que servimos. Que hayamos aprendido a ser mansos o no se reflejará cuando se requiera tener paciencia con aquellos que son rebeldes y resisten la autoridad. Veremos nuestro crecimiento materializado cuando nuestros corazones resuelvan seguir amando a aquellos muchachos que disparan críticas inmaduras contra nuestro liderazgo, o cuando recibimos críticas de otros líderes que haríamos bien en escuchar porque son válidas y pueden ayudarnos a mejorar. Nuestro crecimiento en humildad incluso se evidenciará también cuando decidamos seguir adelante ministrando la Palabra a esos jóvenes cuyas fotos en Instagram son desalentadoras.

Sin embargo, si lo único que Jesús vino a hacer por nosotros fue darnos un buen ejemplo, estamos perdidos. Necesitamos salvación y la Biblia testifica además que no podemos cambiar a imagen de Cristo por nuestra cuenta… y por eso necesitamos la transformación que trae el evangelio a nuestras vidas.

El mensaje de poder y cambio

«Porque no me avergüenzo del evangelio, pues es el poder de Dios para la salvación de todo el que cree», escribió Pablo

(Rom. 1:16a). Sin embargo, a veces confundimos el poder de Dios con las cosas que el mundo y muchos jóvenes valoran, como el carisma personal, la popularidad o el entusiasmo y las manifestaciones emocionales visibles generadas por la combinación de un juego de luces, un ambiente musical y una banda que suene bien en un campamento de jóvenes. Sin embargo, el poder del evangelio en el ministerio de jóvenes se expresa en verdad cuando las personas son salvadas y transformadas por la gracia de nuestro Señor, empezando por nosotros mismos como líderes.

El evangelio causa en nosotros un resultado doble: nos salva y nos santifica. La santificación significa que somos cambiados cada vez más para parecernos al Salvador. ¿Cómo sucede eso? Cristo lo ejecuta en nosotros por medio de Su Espíritu (2 Cor. 3:18). Esto ocurre cuando estamos unidos a Él por medio de la fe, lo que nos lleva a perseverar en nuestras disciplinas espirituales (la lectura bíblica, la oración, el congregarnos…) y buscar el crecimiento espiritual dependiendo de Su gracia, al procurar conocer más a Jesús. «Su divino poder nos ha concedido todo cuanto concierne a la vida y a la piedad, mediante el verdadero conocimiento de Aquel que nos llamó por Su gloria y excelencia» (2 Ped. 1:3).

Se han escrito libros enteros sobre esto, pero aquí quiero invitarte a meditar en el rol de la cruz en nuestro crecimiento espiritual. Para empezar, la cruz representa la evidencia de amor de Dios hacia Sus elegidos: «Pero Dios demuestra su amor para con nosotros, en que siendo aún pecadores, Cristo murió por nosotros» (Rom. 5:8). Ese amor nos impulsa a vivir diferente, nos impulsa a la santificación, al conducirnos a una vida de sacrificio personal (Rom. 12:1-2) donde somos llamados a morir a sus deseos pecaminosos, egocéntricos y vanidosos, con el propósito de que lo que desea el Espíritu Santo sea hecho en y por medio de nosotros.

Pablo lo señala así: «Y [Jesús] por todos murió, para que los que viven, ya no vivan para sí, sino para Aquel que murió y resucitó por ellos» (2 Cor. 5:15). La expresión «ya no vivan para sí» indica autosacrificio. En otras palabras, los siervos de Dios se caracterizan porque aprenden a morir a sus deseos propios a fin de servir con asombro y gratitud a «Aquel que murió y resucitó por ellos».

Cuando el líder de jóvenes reflexiona continuamente en el mensaje de la cruz, entonces puede crecer en una actitud de servicio desinteresado y no jactancioso. En otras palabras, al meditar en que Cristo no tomó como excusa que era Dios para descender y sufrir nuestros padecimientos, a fin de recibir la muerte que merecías (Fil. 2:6-9) con la meta de darte vida eterna, entonces tu alma se enternece. Saber que el Justo murió por mí, un miserable pecador, humilla mi alma y me mueve a una actitud de total rendición y adoración gracias a la obra del Espíritu Santo en mi vida.

Esto resulta en una disposición del corazón para servir al Señor como Él lo requiera, lo cual nos hace verdaderamente útiles en el ministerio. Podemos enunciar que la efectividad del ministerio juvenil inicia con el líder juvenil a los pies de la cruz, diariamente. Esto nos capacita y transforma para que podamos afrontar la labor ministerial con un carácter moldeado por la cruz.

Evidencias de cambio

Ahora, habiendo reflexionado en nuestro modelo perfecto, que es el Señor Jesús, y en cómo el mensaje de la cruz nos cambia… ¿cuáles son las evidencias de que en verdad reflejamos a Cristo en nuestro liderazgo? Bueno, de eso se ha tratado el libro hasta ahora, al observar este cambio desde diferentes ángulos. Pero en estos párrafos finales quisiera hablarte de dos evidencias fundamentales.

En primer lugar, *un líder transformado por la cruz está dispuesto a menguar y pasar el bastón* cuando sea necesario con tal de que Cristo sea exaltado. Los líderes efectivos no tienen un aire de grandeza que los conduce a ser dictadores vitalicios del ministerio, que en realidad se trata de exaltar a Cristo y no exaltarnos a nosotros mismos. Los líderes juveniles cambiados por el evangelio entrenan a la próxima generación y son conscientes de que no son indispensables.

Es por eso que Pablo requirió a Timoteo entrenar a otros para dar continuidad al ministerio de Cristo (2 Tim. 2:2). Así que debo preguntarte: *¿Quién va a sustituirte en el ministerio a los jóvenes cuando no estés, cuando Dios tenga otra dirección en Sus planes para ti?* Una cualidad del líder juvenil impactado por el evangelio es que prepara a otros para sustituirlo porque no tiene miedo de menguar y desaparecer.

En segundo lugar, *un líder transformado por la cruz enfrenta con humildad las crisis en su liderazgo.* Estamos en un mundo caído y la iglesia de Cristo no es una burbuja donde una comunidad perfecta reside, por lo que el ministerio juvenil es un terreno donde se suscitan muchos conflictos: críticas de parte de aquellos a quienes sirves, resistencia en el liderazgo de apoyo, tensiones con los pastores de la iglesia, jóvenes que desean servir pero se comportan como mundanos, etc. Se requiere caminar como Cristo para honrarlo ante estos desafíos.

El apóstol Pablo nos sirve de referencia aquí. Él enfrentó el reto de confrontar a la iglesia de Corinto, que no estaba demostrando la transformación del evangelio. La actitud de esta iglesia era orgullosa y rebelde, obsesionada con el prestigio, la reputación y la grandeza ante los demás, conforme al mundo y no conforme a la Palabra. Las contiendas, los celos y la autopromoción eran parte del espíritu divisivo que estaba aniquilando la salud de la iglesia (1 Cor. 1:10-12).

Pablo confrontó esta actitud recordándoles la cruz, y utilizó su ejemplo de humildad y servicio, y el de Apolos, para mostrar a los corintios la esencia del liderazgo cristiano (1 Cor. 4:6), que no se trata de prestigio ante los ojos del mundo si no de ser siervos de Dios. A pesar de su efectividad en el ministerio por el respaldo de Dios sobre su labor, ellos se mantuvieron humildes en su servicio a esta congregación, lidiando con los conflictos frente a ellos con un espíritu de mansedumbre motivado por su amor a la iglesia y al Cristo de ella.

Esto resulta radical en una generación de jóvenes superficiales, en donde los que lucen más fuertes o grandes son tenidos en mayor estima. Sin embargo, si deseamos vivir bajo el estándar establecido por Cristo, procuraremos conocer el evangelio y al Dios del evangelio. Como efecto de esa exposición, entonces serviremos con la misma actitud de sencillez y verdadera humildad de Pablo. Rechazaremos cualquier actitud de altanería en nosotros. Ya sea que sirvamos a un grupo juvenil numeroso o nos corresponda el privilegio de uno pequeño, nos esforzaremos por ser fieles al llamado de nuestro Dios con la actitud que Él espera.

La necesidad de la hora

Si has llegado hasta aquí, es probable que te hayas sentido abrumado por tu pecado de orgullo. Si, como yo, has podido identificar actitudes en tu vida o reacciones que surgen de la jactancia pecaminosa en tu interior, quiero recordarte que la gracia de nuestro Padre celestial está eternamente en existencia en el inventario de los cielos. Unidos a Cristo por la fe, tenemos y contamos con Su favor para el perdón de nuestros pecados (1 Jn. 1:9). Por lo tanto, te invito a tomar un momento para confesar tu orgullo al Señor. Ruega con toda tu alma que te ayude a batallar contra este pecado tan sigiloso de nuestras almas, hasta llegue aquel día cuando ya no tengamos que luchar más contra él.

Nuestra generación de jóvenes necesita urgentemente siervos transformados por la verdad del evangelio y que sean eficaces al reflejarla en sus vidas. La clave está en doblegar nuestros corazones ante la cruz, recordando cuán pecadores somos y cuán amados somos a la vez. La meta es que esa cruz destruya nuestro orgullo y nos haga siervos auténticos en el servicio a Cristo. Esa es la necesidad de la hora. Ese es el perfil del líder que complace a Dios.

Así que ahora que llegaste a la última página de este libro sobre cómo es el líder de jóvenes que agrada a Dios, tienes bien claro este desafío para el que Dios te capacitará si estás dispuesto a aceptarlo y vivir transformado por la cruz: *¿Serás este líder?*

Preguntas para discusión

- ¿Por qué el orgullo es tan peligroso en el liderazgo espiritual para las nuevas generaciones?
- ¿Cómo el ejemplo de humildad y el amor de Jesús confrontan tu vida para llevarte a ser un mejor líder?
- ¿Qué harás a partir de ahora para buscar reflejar a Cristo en tu liderazgo?

Sobre los autores

En orden de aparición:

Josué Barrios es el director editorial de Coalición por el Evangelio y sirve en el ministerio de jóvenes en la Iglesia Bíblica Bautista Crecer, en Córdoba, Argentina.

Jairo Namnún sirve como pastor plantador de la Iglesia Piedra Angular, en República Dominicana.

Moisés Gómez sirve como pastor en la iglesia First Irving, en Dallas (Texas, Estados Unidos).

José «Pepe» Mendoza sirve como asesor editorial en Coalición por el Evangelio. Vive en Lima, Perú, desde donde trabaja con diversas instituciones y editoriales cristianas.

Karina Evaristo sirve como líder de jóvenes en la Alianza Cristiana y Misionera de Comas en Lima, Perú.

Uriel Esquer sirve como pastor plantador de la Iglesia El Redil, en la ciudad de Guatemala.

Matías Peletay es editor en Coalición por el Evangelio y sirve como misionero en la Iglesia Bíblica de Cachi, en Salta (Argentina).

Flavia Johansson sirve en el ministerio a los adolescentes de la Iglesia Bíblica Bautista Crecer en Córdoba, Argentina.

Adrián Quijandría sirve como pastor de la Iglesia Alianza Cristiana y Misionera de Breña en Lima, Perú.

Leonar Meyer es miembro de la Iglesia Bautista Highview en español, en Louisville, Kentucky (Estados Unidos) donde sirve en el discipulado de creyentes.

Conoce más sobre nuestros autores y explora miles de recursos gratuitos para el ministerio y la vida cristiana visitando el sitio web de Coalición por el Evangelio: www.coalicion porelevangelio.org